動きの「感じ」と「気づき」を大切にした
表現運動の授業づくり

細江文利・鈴木直樹・成家篤史・細川江利子・山崎大志 編

教育出版

執筆者一覧 (50音順) ＊…編者

赤坂　桂	横浜市立川和小学校 副校長
伊藤茉野	筑波大学大学院 博士課程
畝木真由美	安田女子短期大学 講師
笠原いずみ	皆野町立皆野小学校 教諭
神戸　周	東京学芸大学 教授
栗原知子	お茶の水女子大学附属小学校 主幹教諭
酒本絵梨子	自由学園最高学部 専任教員
白旗和也	日本体育大学 教授
＊鈴木直樹	東京学芸大学 准教授
髙野牧子	山梨県立大学 教授
高橋和子	横浜国立大学 教授
田中勝行	さいたま市立大宮東小学校 主幹教諭
茅野理子	宇都宮大学 教授
寺坂民明	飯能市立双柳小学校 主幹教諭
寺山由美	筑波大学 准教授
＊成家篤史	帝京大学 専任講師
羽岡佳子	前 山村学園短期大学 講師
濱田敦志	千葉市立真砂東小学校 教諭
＊細江文利	前 東京学芸大学 教授
＊細川江利子	埼玉大学 教授
前田知美	千葉市立あやめ台小学校 教諭
宮本乙女	日本女子体育大学 准教授
村田芳子	筑波大学 教授
森　奈緒子	鴻巣市立常光小学校 教諭
安江美保	ノートルダム清心女子大学 准教授
柳瀬慶子	高田短期大学 助教
＊山崎大志	入間市教育委員会 指導主事
山下昌江	前松戸市立八ヶ崎小学校 教諭

は　じ　め　に

　動きの「感じ」と「気づき」ではなく，動きの「かたち」と「意識」を強調する表現運動の典型的な代表選手が私です。

　大学院1年生の時，ダンス実技が運動方法学の授業の中でありました。場所は，前面に鏡が張られたダンス室です。中学校でも表現運動など経験した記憶がありませんでしたし，高校は男子校で，表現運動の授業さえ存在していませんでした。思えば，リズムに乗って身体を動かすという経験など皆無だったのかもしれません。それよりは，スポーツ種目に関連のある競技力向上に力を入れてきたのが，私の体育の学習履歴でした……。だから，ダンスの時間は，けっこう憂鬱でした。「笑われるんじゃないか……」「まわりの人についていけるか……」そんなことばかり考えて楽しむどころではありませんでした。動きを注意されるとよけいに動けなくなっていく自分が，そこにはいました。

　平成17年にドイツに調査に行ったとき，ちょうどベルリンマラソンの時期と重なりました。野口みずき選手が出場しており，その応援に行きました。ゴール付近のブランデンブルク門は，リズミカルな音楽が大きな音で流れています。観客は，身体を踊らせ，ランナーを迎えます。ランナーもゴール付近になるとそんなリズムに呼応するかのように走ってきます。気がつくと，一緒に連れてきた大学院生が隣でリズムに乗っています。しかし，私は相変わらず棒立ち，みんなに合わせようと思って体を動かそうとすると，体と意識が一体にならずにバラバラで，不快感たっぷりです。これが，もっとも体力が高いといわれてきた時代を生きた私の現状，つまり体を鍛えることに一生懸命になって体で生きることを忘れた私の身体なんだなあ……と寂しくなりました。

　しかし，転機が訪れました。日本で開催された国際学会のパーティーで，参加者全員でダンスをする場面があったのです。最初は，傍観者でした。しかし，会場が一つの勢いをもちはじめると，私も身体が動きはじめました。場の中で身体が共鳴しだしたのです。そして，いつのまにか舞台の上に……。外国人研

究者や学生たちと楽しく踊りました。この時の私は，頭の中では何も考えていませんでした。終わったら，解放感の中でなんともいえない喜びと楽しさ，躍動感を感じていました。そして，もとの場所へ……。そこで，知り合いの研究者から一言……「鈴木さんは下手くそだな。踊ったことないの？」。ハッと自分の世界が戻ってきました。下手くそな自分，踊る権利をはく奪されたかのようでした。踊りを通して価値判断をされる，現実の世界に引き戻されたように感じました。それからしばらくは，踊りもやっぱりできなくなっていきました。

　ところが，平成20年にアメリカに在外研究で行ったとき，ある学会で同様に，毎日のようにダンスがありました。しかも，日本とは比較にならないくらい長い時間でした。最初は，言葉の壁もあるし，おそるおそる踊りの輪に入っていきました。しかし，「下手だから……」といって入っていった私に，他の参加者たちは「Your dancing is good.」とか「Good Job.」などと声をかけてくれました。なんだか思いきってできると思ったら，失敗などという概念が消え去っていきました。そして，みんなのまねをしながら踊っているうちに，いつのまにか夢中になっていました。私は，このことで何を学んだのかはわかりません。でも，身体が動く経験をすることができました。そして，「踊る」ってこういうことか，という喜びに満ちあふれていきました。

　ある年の日本女子体育連盟の研究発表会のフィナーレでは，筑波大学の村田芳子先生を中心に，全員で『風になりたい』を踊りました。簡単な振りがあります。昔味わった，動きと意識のバラバラな感覚の再来が頭をよぎりました。でも，学生と一緒に思いきって舞台に上がってみました。するとそこでは，かたちを身につけるのではなく，リズムに乗って動く自分がいたのです。村田先生に「踊れるじゃないですか」と言われ，ますます調子に乗って，いつのまにか舞台のセンターで踊っていました。あんなに踊ることに嫌悪感を抱いていたのに，一体感を感じ，表現するということを，動きの中で気づきはじめていきました。会場から駅に向かう帰りも興奮冷めやらない感じで，学生と心弾ませ話していました。学生の発表はそっちのけで，ダンスの喜びについて語ったのを記憶しています。

はじめに

　表現する価値観は十人十色，そんなふうに考えてみると，たくさんのよさがあることに気づいてきました。私たちは，表現を通して「なりきるおもしろさ」にふれる中で，学びを深めていくのだとあらためて実感します。このベースになっていたのは，動きの「感じ」と「気づき」です。だから，これを大切にした「表現運動」の授業づくりが大切であると思います。本書では，そんなコンセプトをもとに，「表現の仕方」を身につける学習ではなく，「表現する」身体による学びをめざしていきます。本書を通して，文化としての表現運動の高い教材的価値と学びの支援の手がかりを得ていただければ幸いです。

（編者代表　鈴木直樹）

目　　次

はじめに

第1章　「表現運動」の授業づくりの基本的な考え方

1　踊りは文化！ 踊るも文化！
　　──踊る楽しさと身体表現の魅力，今こそ面白い表現運動の授業を！── 2
2　動きの「感じ」と「気づき」を大切にした体育授業
　　──運動の意味生成過程に注目して── 4
　（1）体育の学習観の転換　　4
　（2）学びの中核となる動きの「感じ」　　5
　（3）「楽しい」から「おもしろい」へのパラダイムシフト　　8
　（4）動きの「感じ」と「気づき」を大切にした体育授業を目指して　　9
3　これからの体育授業で押さえるべきポイント（表現運動系）── 12
　（1）学習指導要領の改訂の趣旨　　12
　（2）体育科における改訂の内容　　13
　（3）表現運動系領域のねらいとポイント　　17
4　動きの「感じ」と「気づき」を大切にする「表現運動」の内容── 19
　（1）学習指導要領における表現運動の内容　　19
　（2）動きの「感じ」と「気づき」を大切にした内容　　21
5　動きの「感じ」と「気づき」を大切にする「表現運動」の展開── 26
　（1）「表現運動」の特性と学習過程　　26
　（2）創造的な学習である「表現」「リズムダンス」の学習過程　　28
　（3）定形の学習である「フォークダンス」の学習過程　　32

6 動きの「感じ」と「気づき」を大切にする「表現運動」の学習評価
　　——新しいPDCA (Procedure-Dig-Change-(be)Aware) サイクルから考えよう！ ——— 34
　(1) 動きの「感じ」と「気づき」を大切にした学習評価　34
　(2) 「これから」の学習評価を実践してみよう！　35
　(3) 「学習評価」から「学び評価」へ新しい"PDCA"サイクル　38

第2章 「表現運動」Q&A

1 「表現運動」に関する教員の意識調査結果 ——————————— 42
2 「表現運動」Q&A ——————————————————————— 46
　Q1　子どもの恥ずかしさを取り除くには？　46
　Q2　動けない子への働きかけは？　48
　Q3　工夫のある導入とは？　50
　Q4　効果的な演示の仕方は？　52
　Q5　求めるべき子どもたちの姿とは？　54

第3章 「表現運動」の授業実践

実践例の読み方 ——————————————————————————— 58

実践例1〔低学年①〕
"ゆうえんちにいこう！——まえのゆうえんち大さくせん"
　（表現遊び） ——————————————————————————— 60

実践例2〔低学年②〕
"リズムにのっておどっちゃおう！"
　（リズム遊び） ————————————————————————— 66

実践例3〔中学年①〕
"ジャングル探検"
　（表現） ————————————————————————————— 72

実践例4〔中学年②〕
"アートでダンス"
　（表現） ————————————————————————————— 78

実践例5〔中学年③〕
"おへそでノリノリ　レッツダンス！"
　　（リズムダンス）——————————————— 84

実践例6〔高学年①〕
"大変だあ！　○○"
　　（表現）——————————————————— 91

実践例7〔高学年②〕
"６年２組 日常の出来事——どんな表現が出てくるかな!?"
　　（表現）——————————————————— 97

実践例8〔高学年③〕
"心をつなごう！　みんなのフォークダンス"
　　（フォークダンス）————————————— 103

第4章　授業づくりのポイント

1　「表現運動」はこうやって観察する ————————— 110
　（1）子どもにとっての観察とは　110
　（2）教師にとっての観察とは　113
　（3）おわりに　115
2　「からだ」を大切にした「表現運動」の学習内容の考え方 ——— 116
　（1）子どもたちが抱えている問題　116
　（2）「からだ」を大切にした表現運動の学習内容　118
3　表現運動における運動のおもしろさ ————————— 123
　（1）表現運動における運動の特質　123
　（2）表現運動を行う自分自身の「感じ」や「気づき」　125
　（3）表現運動による他者とのかかわり合い　127
4　表現運動における教師の役割 ———————————— 129
　（1）踊りのイメージがひろがる指導計画をつくる教師　129
　（2）動きのおもしろさをひろげる教師　130
　（3）仲間と踊るおもしろさに気づかせる教師　132
　（4）子どもたちと一緒に踊る教師　133

(5) フォークダンスの授業における教師　133

5　「体」が踊るから，「身体」が踊る…へ
　──表現における「よい動き」を引き出すには ─────────── 135
　(1)「身体」が踊る　135
　(2) 体が変われば心も変わる！　体が踊れば心も躍る！　135
　(3)「よい動き」を引き出す10の観点　138
　(4)「わかる」よりも「感じる」ことを大切に　139

6　ダンスにおけるコミュニケーション ───────────── 142
　(1) 踊る行為におけるコミュニケーション　142
　(2) ダンスの授業における踊る者同士のコミュニケーション　144
　(3) まとめにかえて　147

7　新しい教材と向き合うために ──────────────── 149
　(1) 教材開発とは…？　149
　(2) 低学年　155
　(3) 中学年　157
　(4) 高学年　158
　(5) まとめにかえて　160

8　「表現運動」における指導上の留意点5か条！ ─────── 162

あとがき

ちょっと一息

　ダンスはぼくらの合言葉──南米ブラジルの舞踏文化　40
　模倣の主体性　65
　運動会の表現運動　83
　ダンスとジェンダー　122
　表現運動における音楽の工夫　164

第 1 章

「表現運動」の授業づくりの基本的な考え方

1 踊りは文化！踊るも文化！
──踊る楽しさと身体表現の魅力，今こそ面白い表現運動の授業を！

　「言葉にできないものがある。言葉にしたくないものがある」……「なぜ踊るのか？」の問いにこう答えたのは，20世紀を代表する舞踊家ピナ・バウシュです。踊ることの本質を端的に表現した素敵な言葉であり，「踊る」行為が単に「動く」こととは異なっていることを教えてくれます。

　ダンスは，人類最古の文化といわれ，その発生から今日まで，時代とともに変容しながらつねに人間の生（生活）と深くかかわって存在してきた文化です。ダンスの語源のひとつに《生命の欲求：desire of life》という意味があるように，人々はさまざまな思いや欲求を生きる証しとして踊り，踊ることによって他者と共感・交流してきたのです。そして，今日，多種多様なダンスが年齢・性別・国境を越えて多くの人々に踊られ，「いつでも，どこでも，だれとでも」できる楽しみとして身近な存在となっています。

　このように，ダンスは，時代を映し出し，人間を映し出す鏡でもあります。そして，踊ることは，原初的な律動体験から始まり，今の新しい自分にであう「古くて新しい」文化ということもできます。また，心と直結したダイナミックな身体表現は，一人ひとりがもつ複雑で曖昧ながら確実に実感できる世界です。

　周知のとおり，平成20年告示の学習指導要領では中学1・2年においてダンスの必修化が示され，指導への関心が高まるとともに，さまざまな取り組みが急速に進行しています。これが中学校はもちろん，小学校の表現運動の授業にどんな変化をもたらすのでしょうか。ちなみに，平成25年秋には，「学校体育実技指導資料第9集『表現運動系及びダンス指導の手引』」（文部科学省）が刊行され，小・中・高校における授業の構想と具体的な単元の展開が示されています。

　「ダンス学習では，「今，ここ」から始まって，つねに生み出していく学習が原点にあります。だからこそ，こうしたダンスの学びが体育の授業の指標とし

てこれから重要になってくるのではないかと思います」……これは，本シリーズの編者でもある故・細江文利先生が遺された言葉です。この言葉のとおり，ダンスの学習は，決まった技術や形を身につけていく学習ではなく，活動そのもののプロセスを大切にするゴールフリーの学習を特徴としています。

したがって，今回の必修化は，表現運動・ダンスの授業の量的な拡大だけでなく，「心身の解放」「身体による豊かなコミュニケーション」「今，ここから創り出す問題解決学習」といった，他の運動領域とは異なる学びをみんなのものにしていく絶好のチャンスともいえます。

最大の課題は，これを具現化する教師の指導力です。

表現運動の指導の難しいけれど面白いところ，それは，学習者の心とからだを揺さぶり，踊る楽しさや動きの面白さを引き出し，いつの間にか楽しく「なっていく」，言い換えれば，いつの間にか「その気になり，本気になっていく」プロセスです。「みんなが違うこと」を認め，多様だから面白い領域ではありますが，指導には「共通の手がかり」があり，正解は一つではないけれど，確実に良い動きはあります。それが，動きの誇張やメリハリのある動きの連続など，特性とかかわる「動きの面白さ（妙味）」です。それが，本書のテーマ「動きの『感じ』と『気づき』を大切にした授業アプローチ」であると捉えています。ただ，踊り心はからだの奥に眠っていることが多いから，羞恥心に恐れることなく，扉を開いて，未開拓の身体や感性を豊かに耕すのが教師の指導力です。

表現運動の指導では，子どもの良さを引き出すような授業の構想力や演出力に加えて，つねに変化する多様な子どもにジャストな内容であるかを見極め軌道修正する力が重要になります。具体的には，子どもの力や個性を生かせるような題材や音楽の選択，単元の学習過程の工夫，多様な活動や場の工夫，特性との関連で「これだけは押さえたい」動きの指導などの工夫が求められてきます。

心もからだもはずむ表現運動の授業……まずは，教師自身が子どもと一緒に踊り楽しみながら指導の壁を軽やかに跳び越え，授業にチャレンジしてほしいと思います。はずんで踊る子どもの笑顔であふれる学校になる日が来ることを祈って……。

（村田芳子）

2 動きの「感じ」と「気づき」を大切にした体育授業
── 運動の意味生成過程に注目して

(1) 体育の学習観の転換

　体育における学習は,「動きの獲得」や「身体機能の向上」であるととらえられてきたといってもよいでしょう。すなわち,体力を高め,運動能力を向上させることが,体育の学力ととらえられ,この体力"値"が高ければ,運動によりよくかかわれると考えられてきました。また,過激なまでの若年スポーツ熱の高まりや利得優先の商業スポーツも拡大し,子どもの体力"値"の向上をあおってきたように思われます。このような中で生まれる量的な体力・運動能力の違いは,小学校や中学校などの体育的環境の中で子どもに,相対的に体育における学力が高いとか,低いと感じさせることにもつながり,「運動に興味をもち活発に運動をする者とそうでない者に二極化」(文部省,1999)している現状を拡大させてきたといってもよいと思います。

　この学力観にあっては,学習とは,状況と文脈に関係なく,技術や知識を獲得することであるといえます。しかしながら,学習とは,社会的な相互作用の中で成立しており,単なる教師から児童生徒への伝達ではなく,子どもが身体を授業の場に投企して学習を構成していくものといってもよいでしょう。このような立場では,子どもが学習しているその事実を体育授業の場でかかわる身体による表現の行為とみなし,常に授業という場と相互作用して生成される身体に学習行為を見出すこととなります。すなわち,単に現象としてとらえられる外側から可視化できる行為のみならず,その行為を支えるエネルギーになっている運動の意味の生成を重視し,学習としてとらえていく必要があります。こういった立場に立つ学習は,社会構成主義や状況主義などといわれ,戦術学習はその代表的な例であるといわれます。

　なお,運動の意味とは,「自分探し」としての学習において現実性と可能性

の差異を本質とし，自己を内破していくようなエネルギーとして生成され，授業におけるコミュニケーションを通し，変容しながら，学習を拓いていくといえます。簡単に言えば，自己理解に基づく「なりたい自分」が明確になり，それに向かっていこうとする納得了解された動機づけといえます。したがって，運動の意味によって学ぶことは意味付与され，生きて働く力となって機能すると考えられます。

(2) 学びの中核となる動きの「感じ」

① かかわり合いとしての動きの「感じ」

子どもたちは，運動の楽しさを味わう上で，勝敗や達成，克服の未確定性や動きの変化（動きくずし）のおもしろさを「感じる」という経験によって，心と体を一体として運動に夢中になり，没頭していきます。「勝つ」から楽しい，「できる」から楽しいのではなく，「勝つ／負ける」「できる／できない」という狭間の中で，動く「感じ」のおもしろさにふれていくことが，結果的には経験の総体として楽しさとして感じられているといってよいでしょう。また，この狭間の中でプレイに夢中になり，没頭している子どもたちは，同じような活動の繰り返しの中で，この均衡がくずれ，飽きを迎えることによって，行動を変化させようと試みるようになります。すなわち，運動することによって生まれる「感じる」ことから，運動のおもしろさにふれ，おもしろさを探求する中で，楽しさや飽和を享受し，学習を展開していくといえます。「動きの感じ」を意味する言葉として，英語では，"Proprioception"（深部感覚）という言葉も耳にするようになりましたが，これは筋や腱，関節等という体のパーツの動きの感じと連動して，位置覚，運動覚，抵抗覚，重量覚により，体の各部分の位置，運動の状態，体に加わる抵抗，重量を感知する感覚であるといわれます。本書で取り上げている動きの「感じ」は，深部感覚のような部分的なものではなく，主体が他者や環境に働きかけ，働きかけられながら味わう包括的なものであるととらえています。また，この「感じ」という暗黙裡に味わっている世界が，子どもたちが異質な出来事とであっていくことによってある種の形式化

した「気づき」となっていきます。

　話は変わりますが，日本人の食文化を知るということからこのことを考えていきましょう。皆で知恵を出し合って日本人同士で食事を見つめて語るよりも，外国の人と食生活を共にすることによって，自分たちの特徴は明確になり，習慣であったり，メニューの特徴であったり，その文化的な特徴は見出しやすくなります。これは，比較的同質の集団で物事を考えるよりも異質な集団で考えることによって解決の糸口を見出しやすくする一つの例といえます。こんな違和感は私たちの探求心をくすぐるものです。

② 「感じ」の差異から広がる動き

　差異から広がる動きの探求について一つ例をあげてみたいと思います。例えば，立つということは日常の行為になっており，「立つ」ことそのものにプレイの要素を感じる人は少なくなっていると思います。しかし，ハイハイをしている子どもが立とうとしている姿を思い出してみてください。彼らは何度も何度も立とうとして失敗を繰り返していきます。「できる／できない」という狭間の中で「立つ」という動きのおもしろさを味わっています。それは，立つ練習でもなく，歩くための準備として立つのではなく，立つという動きの「感じ」に動機づけられ，立とうとしています。手と足をつけて地面に立つという生活から二本足で立とうとしているのは，私たちの環境と人との社会的相互作用にほかならないと思います。その中で，立つことに意味が付与され，彼らは立とうとし，やがて「立つ」という意味構成をし，立つようになるといえます。

　この例にも見られるように，体育授業における子どもの行為や意味の生成は，「感じる」ことによって促され，「感じる」ことによって変化していくといえます。例えば，体が動く感じとの関連から，運動していることへの「気づき」が生まれ，運動の意味が付与されていきます。このことによって，子どもたちは，「いま」の自分と「これから」の自分の中で運動することへ意味付与し，それは学習の大きなエネルギーとなっていきます。

③ 場を生み出す動きの「感じ」

　また，「感じる」ことによる運動の楽しさの享受は，体育授業におけるかか

わり合いにおいて生まれているといえます。かかわり合いによって体育授業に「場」が生まれ，その「場」が子どもを運動の楽しさにふれることにつながります。そのかかわり合いは，主に，モノの知覚による運動行為であったり，教師の指示による運動行為や仲間の運動への共感による運動行為であったりします。つまり，体育授業において学習者が，教師や仲間，学習材・教具，環境に働きかけたり働きかけられることによって，その「場」を楽しさの享受できる「場」に組み替え，運動の行為を生み出しているといえます。すなわち，子どもたちは，仲間やモノと学び合う学習を通し，「感じる」という体験を基盤にしながら，学習を展開し，学習することを仲間と共に生み出しているのです。このように考えてみると，学習内容の異なった側面が見えてきます。

④　学習内容としての動きの「感じ」

「体育の学習内容は何か？」と問われたら，皆さんはなんと答えますか？ 頭にパッと浮かぶのは，逆上がり，二重跳び，台上前転などの動き方ではないでしょうか？　つまり，私たちが通常，目にすることのできる動きの「形」を身に付けることを学習内容ととらえるのが一般的ではないでしょうか？　これは，社会的学習でも例外ではありません。「友だちと仲良くする」「負けても勝者を称える」「得点したときは共に喜ぶ」「自分がゲームに出ていないときは一生懸命応援する」といったように，かかわる「形」を身に付けさせているといえるのではないでしょうか？

ところで，今，本書を手にとっている読者の中で学校を卒業して以来，生涯スポーツとして跳び箱運動やマット運動に取り組んでいる人はどれくらいいるでしょうか？　数学や英語，国語は，生活の中で役立つという経験を日常的に意識的にしています。しかし，跳び箱運動やマット運動のような学習は，非日常的であり，日常の生活の中で応用している人はそうはいません。教師たちの中には，学校体育では一生涯続けていくことのできる得意なスポーツを見つけることが大切だという人もいます。しかし，器械運動に近い体操競技を続ける人は，器械運動が得意であったり，好きであったりしても，わずか一握りです。では，将来取り組まれないのであれば，その活動は無意味なのでしょうか？

この問いに対して，本書でテーマとした動きの「感じ」と「気づき」を大切にするということが一つの回答を与えてくれます。

⑤ 「形」から「感じ」へ

体育の目標は，「運動に親しむ資質や能力の育成」「健康の保持増進」「体力の向上」の三つの具体的目標を関連づけ，「楽しく明るい生活を営む態度を育てる」ことにあるといえます。メディアの発達や表彰システムの発達の中で，「速く，強く，高く」という価値観と連動して体育における学習成果が確立されてきました。このような中では，運動競技と関連した技能の高さを求めはぐくむ体育観がうかがえます。しかし，生涯にわたって運動に親しむためには，これだけでは不十分すぎます。先にあげた器械運動でいえば，いろいろな技ができるということが目指されるのではなく，動きの「感じ」を知り，「気づく」ことが大切なのです。私は大学のある授業で，「グルゥッと移動しよう」をテーマにして授業を展開してみました。受講生は，だいたい前転のようなことをしているのですが，その前転は，受講生が50人いれば50通りあるのです。しかし，皆，それが「グルゥッ」と回っている感じだというのです。つまり，「感じ」を共有しながら外側のあらわれは全員異なっています。私はとても驚きました。しかし，この様子を見て気づいたのは，「感じ」の出力の仕方は，個々人で違うということです。私たち教師は，外側の見ばえばかりを気にして大切な中身を置き去りにしてきてしまったのかもしれません。皆が違うことを前提にして，ふれさせたい「感じ」という学習内容を共有していけば，すべての子どもが全力を出して取り組むことのできる学習を展開することができるのではないでしょうか？　だからこそ，何ができたかではなくて，どうやって学んでいるかという過程が大切なのだと思います。できなくても頑張ったから「よい」という精神的な過程論ではない，本質的な過程主義が望まれます。そこで，動きの「感じ」に注目することで，体育がよりよい学びへと転換すると考えています。

(3)「楽しい」から「おもしろい」へのパラダイムシフト

以上のような考えから，私は，大学の授業で学生が模擬授業をするときに，

まとめで，「今日の授業は楽しかった？」という振り返りはさせないようにしています。なぜなら，過程を大切にした体育授業では，楽しさを探求している中で「自分は何がどう変化したのか」を見つめさせる必要があると思うからです。単純に「楽しかった」かどうかを学習あるいは指導を評価するための規準にするのであれば，料理を作って提供して「おいしかった」かどうかを評価してもらっているのと変わりません。「おいしいね。今日の食事は，見た目も工夫してあるから，見ても楽しい。だから，他の料理でも同じ工夫をしてみよう」なんていうつぶやきのほうが「おいしかった」という振り返りよりも，もっと大切だと思うのです。つまり，「楽しかった」という"Happy"から「おもしろい」という"Interesting"を大切にした体育が求められるのではないでしょうか？「勝って楽しかった」ではなく「競争しておもしろくて楽しい」，「できて楽しかった」ではなく「挑戦しておもしろくて楽しい」という，過去完了での語りから「いま-ここ」での語りへの変化が大切です。おもしろさ（Interesting）を感じて，楽しさ（Happy）に気づくという"IH"の連鎖が重要といったところでしょうか？ IH家電というのが巷では流行っていますが，これは，効率的，安全，快適，クリーン，経済的なのだそうです。「IH運動プログラム」も，効果が高く，優しく，気持ちよく，簡単な運動といえます。つまり，動きの「形」から「感じ」へ体育の成果を求めることによって，運動のおもしろさにふれながら，学習成果を深めていくことができるといえます。そこで，動きの「感じ」と「気づき」を大切にした「おもしろい」運動の世界づくりこそが今，体育授業には求められていると考えるのです。

（4） 動きの「感じ」と「気づき」を大切にした体育授業を目指して

教員採用試験のときに，「なぜ教師になろうと思ったのですか？」と私は尋ねられました。そのときに，私の考えを大きく変化させてくれた小学校6年生のときの担任と中学校3年生のときの担任の先生の話をしました。この先生たちが，知識や技能を向上させてくれたというよりも，私に，肯定的なまなざしを向け，一人の人間として認めてかかわってくれたからこそ強い影響を受けた

のだと思います。また，「なぜ大学の教員になろうと思ったのですか？」ともよく聞かれます。それは，大学院のときの指導教員の影響が強かったと思います。その先生は，直接何かを与えてくれたわけではありません。しかし，私たちを学校における授業という子どもとの対話の世界に誘い，授業のおもしろさを感じさせてくれ，大切なことに気づかせてくれた先生だと思います。これらの先生に共通するのは，私が探求していく道を切り拓いてくれたということです。解答はどこかに用意されているのではなく，共に探し求めていくものであると授業を通して教えてくれ，その実践力を身に付けてくれたように思います。教師になって，こんな経験を邪魔していたのが，「私は教師である」という形式ばった上着であった気がします。この「教師チーム」というユニフォームを着せられてしまった私たちが，そこに，自分の名前を刻み込み，自分なりの汚れをつけ，汗をしみ込ませ，子どもと対話していくことが必要であるように思います。そのために，教師としての仮面を一度外して子どもの内側に寄り添ってみませんか？　そこには，私たちが予想もしていない世界が広がっているのかもしれません。それはきっと私たちの好奇心，探求心をくすぐります。

　私は，読者の皆さんと共に，動きの「感じ」と「気づき」に注目することで"教師側の論理"という殻を破って"子ども側の論理"からの授業づくりについて本書を通じて探っていくことができればと考えています。　　　　（鈴木直樹）

　※本稿は，本書作成にあたり，編者の細江文利氏と鈴木とで話し合ったコンセプトについてまとめたものです。本来，細江氏が執筆を担当する予定でしたが，作成途中で病床に臥されたため，鈴木が代わりに執筆しました。

〈引用・参考文献〉
Anselm Strauss & Juliet Corbin（1999）『質的研究の基礎―グラウンデッド・セオリーの技法と手順』医学書院．p.19
B.D.シャクリー・N.ハーバー・R.アンブロース・S.ハンズフォード著／田中耕治監訳（2001）『ポートフォリオをデザインする―教育評価への新しい挑戦―』ミネルヴァ書房
Joyner, A.B. & McMains, B.G.（1997）Quality control in alternative assessment. Journal of Physical Education, Recreation & Dance, 68（7），pp.38-40
Hopple, C. J.（2005）Elementary physical education teaching & assessment：practical guide（2nd

ed.), Human kinetics.
木下康仁（2003）『グラウンデッド・セオリー・アプローチの実践――質的研究への誘い』弘文堂
木下康仁（1999）『グラウンデッド・セオリー・アプローチの実践――質的実証研究の再生』弘文堂
Melograno, V.J. (1997) Integrating assessment into physical education teaching. Journal of Physical Education, Recreation & Dance, 68 (7), pp.34-37
National Association for Sport and Physical Education (NASPE) (1995) Moving into the future：National standards for physical education. Dt. Louis：Mosby.
文部省（1999）『小学校学習指導要領解説 体育編』東山書房. p.11
Schwager, S. (1996) Getting real about assessment：Making it work. Journal of Physical Education, Recreation & Dance, 67 (8), pp.38-40
鈴木直樹（2006 a）「関係論的な学習における運動の意味に関する検討」『埼玉体育スポーツ科学』第2巻
鈴木直樹・塩澤榮一（2006 b）「ワークショップ形式を導入した「体力を高める運動」の実践」『体育科教育学研究』第22巻第1号
鈴木直樹・中島大輔（2005）「仲間とのかかわりを豊かにすることを目指した小学校体育授業の実践報告」『埼玉体育スポーツ科学』第1巻
鈴木直樹・藤巻公裕（2004）「小学校水泳学習における子どものかかわり合いに関する研究」『埼玉大学教育学部研究紀要（教育科学Ⅱ）』第53巻第1号

3 これからの体育授業で押さえるべきポイント（表現運動系）

(1) 学習指導要領の改訂の趣旨

　平成20年に小学校及び中学校の学習指導要領が改訂されました。学習指導要領の趣旨を生かした授業実践を行うためには，改訂の背景や趣旨を理解しておくことが必要でしょう。

　学習指導要領は，社会的なニーズや課題を背景に，およそ「今後の日本を背負っていく子どもたちにどのような力を身に付けさせていくべきなのか」を教科，領域ごとに，発達の段階を踏まえ，体系的に整理したものといえます。

　今回の改訂では，21世紀は，いわゆる「知識基盤社会」の時代であることを強調しています。このような知識基盤社会化やグローバル化は，知識そのものや人材をめぐる国際競争を加速させる一方で，異なる文化や文明との共存や国際協力の必要性を増大させると考えられます。こうした状況において，日本の将来を背負う今の子どもたちには，確かな学力，豊かな心，健やかな体の調和を重視する「生きる力」をはぐくむことがますます重要になってきます。

　ところが，OECD（経済協力開発機構）のPISA調査など各種の調査からは，わが国の児童生徒について下のような課題が浮き彫りになりました。
　　○思考力・判断力・表現力など知識・技能を活用する力
　　○家庭での学習時間などの学習意欲，学習習慣・生活習慣
　　○自分への自信の欠如や自らの将来への不安，体力の低下

　まさに生きる力が不十分と言わざるをえません。そうしたことから，21世紀を生きる子どもたちの教育の充実を図るため，中央教育審議会で国の教育課程の基準全体の見直しについて検討が行われ，平成20年1月に「幼稚園，小学校，中学校，高等学校及び特別支援学校の学習指導要領等の改善について（答申）」が示されました。これは，教育基本法改正において，知・徳・体をバランスよ

くはぐくむこと，学校教育法改正において，基礎的・基本的な知識・技能，思考力・判断力・表現力等及び学習意欲を重視することなどが規定されたことを踏まえたものです。

　こうした法改正や中央教育審議会答申を経て，学習指導要領の改訂が行われました。その基本的な柱は次の3点です。
　　○「生きる力」を育成すること
　　○知識・技能の習得と思考力・判断力・表現力等の育成のバランスを重視すること
　　○豊かな心と健やかな体を育成すること

(2) 体育科における改訂の内容

　① 答申を踏まえた改訂の方向

　体育科の改訂においても，平成20年1月の中央教育審議会の答申に基づいて行われました。その答申において，体育科の改善の基本方針については，次のように示されています。

体育科の改善の基本方針（下線は筆者）

> 　小学校，中学校及び高等学校を通じて，「体育科，保健体育科については，その課題を踏まえ，生涯にわたって健康を保持増進し，豊かなスポーツライフを実現することを重視し改善を図る。(中略) また，学習したことを実生活，実社会において生かすことを重視し，学校段階の接続及び発達の段階に応じて指導内容を整理し，明確に示すことで体系化を図る。」としている。
> （「幼稚園，小学校，中学校，高等学校及び特別支援学校の学習指導要領等の改善について（答申）」平成20年1月）

　まず，「その課題」ですが，「運動する子どもとそうでない子どもの二極化や子どもの体力の低下傾向が依然深刻」といった児童生徒に関する課題だけでなく，「運動への関心や自ら運動する意欲，各種の運動の楽しさや喜び，その基

礎となる運動の技能や知識など，生涯にわたって運動に親しむ資質や能力の育成が十分に図られていない例も見られること」といった教師の指導に関する課題や「学習体験のないまま領域を選択しているのではないか」といった学習指導要領の枠組みの課題も指摘されています。

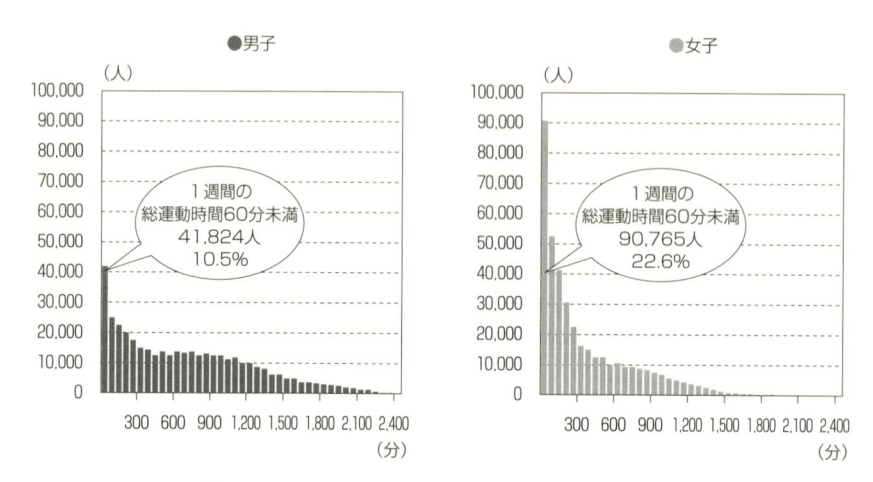

●男子　●女子

1週間の総運動時間60分未満
41,824人
10.5%

1週間の総運動時間60分未満
90,765人
22.6%

（「平成21年度 全国体力・運動能力，運動習慣等調査報告」）
図1-1　1週間の総運動時間（小学校5年生）

　図1-1のように，女子では，1週間に体育の授業以外に運動する時間が60分に満たない子どもが4分の1近くに上っています。
　これらは，生活様式や習慣などの変化により，運動しにくい状況にあることは指摘されているところですが，これでは，体力の向上も望みにくいことは言うまでもないでしょう。しかし，見方を変えると，この結果から，唯一全員が運動している時間は，体育の授業しかないこともわかります。こうしたことなどから体育の授業時数が低学年，中学年において，学習指導要領の改訂により，90時間から105時間に増加しました。教師の課題の対応も含め，体育授業への期待は大きく，その充実を図ることは急務といえます。

② 具体的な改訂の内容

　13ページに示した中央教育審議会答申からの引用の後段において，改善の方向性を「学習したことを実生活，実社会において生かすことを重視し，<u>学校段階の接続及び発達の段階に応じて指導内容を整理し</u>，<u>明確に示す</u>ことで<u>体系化</u>を図る」こととしています。これらを具現化し，改訂の方向を示すために，体育科の目標を修正しています。ここでのポイントは，小学校から高等学校までの見通しをもった目標とするために，小学校体育の位置づけを明らかにしたことです。

　学校教育法において「小学校は，心身の発達に応じて，義務教育として行われる普通教育のうち基礎的なものを施すことを目的とする」と規定されていることを踏まえ，「生涯にわたって運動に親しむ資質や能力の基礎を育てる」ことを明確に示しています。つまり，生涯にわたって運動に親しむ資質や能力を育成するためには，小学校でそれらの基礎をしっかりと育てることが大切であることを明確に示したわけです。

体育科の目標（小学校学習指導要領）（下線は筆者）

> 　心と体を一体としてとらえ，適切な運動の経験と健康・安全についての理解を通して，<u>生涯にわたって</u>運動に親しむ資質や能力の<u>基礎</u>を育てるとともに健康の保持増進と体力の向上を図り，楽しく明るい生活を営む態度を育てる。

　この目標を受け，次のように体育科の内容を改善しています。

●指導内容の体系化（指導内容の明確化，系統化，弾力化）

　体育科では生涯にわたって運動に親しむ資質や能力の基礎を身に付けていくことを目指しているのですから，児童生徒の発達の段階を考慮した上で，それにふさわしい指導内容を明確化し，意欲的に継続して学ぶことができるよう系統化しました。このように小学校から高等学校までの12年間を見通して指導内容の整理を行い，体系化を図りました。

　その際，発達の段階のまとまりを大切にしています。小学校第１学年から第

4学年の頃は、子どもが易しい運動にであい、伸び伸びと体を動かす楽しさや心地よさを味わうことを大切にしながら、各種の運動の基礎を培うことを重視する時期。小学校第5学年から中学校第2学年の頃は、各種の運動種目の初歩的な技能を身に付けるなど、すべての運動領域を学習しておく時期。中学校第3学年から高等学校修了年次までは、自己に適した運動種目を選択し、その運動実践を深める時期としています。

特に小学校では「基本の運動」について、指導内容や高学年への系統性が見えにくいとの指摘が多かったことから、従前「内容」として示していたものを「領域」として示しています。ただし、「基本の運動」という名称はなくなりましたが、その趣旨は低学年・中学年の発達の段階を踏まえた指導内容に生きていますので、指導の際には留意しておくべきでしょう。

また、運動の取り上げ方の弾力化の視点も大切です。前述したように、学習指導要領では指導内容の明確化を図ってきたわけですが、それらが身に付くための指導方法は、学校や子どもの実態によって、さまざまな工夫がなされなければなりません。そうした教師の指導の工夫が生かせるように指導内容の確実な定着を図りやすいならば、運動の取り上げ方を一層弾力化し、低・中・高学年に示されている「体つくり運動」以外のすべての指導内容について、2学年のいずれかの学年で取り上げ、指導することもできるようにしています。この趣旨を生かして学校の創意工夫した指導が行われることが期待されます。

● 体力向上の重視

もう一つの柱としては、子どもたちに動ける体の基礎を培うことがあげられます。そこで、運動する子どもとそうでない子どもの二極化の傾向や子どもの体力の低下傾向が依然深刻な問題となっていることから、すべての運動領域で適切な運動の経験を通して、一層の体力の向上を図ることができるよう指導のあり方を改善することとしています。特に「体つくり運動」は、基本的な動きを培うことをねらいとして低学年から示すとともに、第1学年から第6学年のすべての学年において指導することとしています。

第1章 「表現運動」の授業づくりの基本的な考え方

(3) 表現運動系領域のねらいとポイント

① 表現運動系領域の改訂の背景とねらい

　表現運動系の領域でも他領域と同様に，指導内容の明確化及び体系化を図っています。

表1-1　表現運動系（ダンス系）領域

小学校			中学校	高等学校
低学年	中学年	高学年	1～3年	入学～修了年次
表現リズム遊び	表現運動		ダンス	
表現遊び	表現		創作ダンス	
（フォークダンス）	（フォークダンス）	フォークダンス	フォークダンス	
リズム遊び	リズムダンス	（リズムダンス）	現代的なリズムのダンス	

　題材を選んで表したいイメージや思いを表現する表現系，伝承された踊りを身に付けてみんなで一緒に踊るフォークダンス，軽快なロックやサンバなどのリズムに乗って仲間とかかわって踊るリズムダンス系のそれぞれについて，発達の段階を踏まえ，6年間の中でバランスよく学習を行えるように整理しています。この中で，中学校第1学年，第2学年においては，すべての生徒が必修としてダンスを学ぶよう改訂されています。また，表1-1では括弧でくくった表記がありますが，低学年の「リズム遊び」については「簡単なフォークダンスを含めて指導することができる」ことを，中学年では「地域や学校の実態に応じてフォークダンスを加えて指導することができる」ことを，高学年では「地域や学校の実態に応じてリズムダンスを加えて指導することができる」ことを示しています。

　指導内容の明確化については，『学習指導要領解説』に「(1)技能」として「何を」「どのように踊るのか」が明確に示されています。さらに，表現系では「題

材と動きの例示」，フォークダンスでは「踊りと動きの例示」，そして，リズムダンス系では「リズムと動きの例示」として，授業の中で主として取り上げると有効な例が具体的に示されています。

② 授業づくりで考慮すべきポイント

　表現運動系の学習では，題材の特徴をとらえて，そのものになりきって全身の動きで表現したり，軽快なリズムの音楽に乗って踊ったりして楽しむことが大切です。ですから，表現運動における技能は「指先がどれくらい伸びているか」「回転がどれだけ滑らかか」といったことではなく，表したい感じを特徴や感じをとらえて表現したり，リズムに乗って全身で踊ったりしながら「即興的に表現すること」と「簡単なひとまとまりの表現をすること」です。フォークダンスでは，「基本的なステップや動きを身に付ける」ことが必要ですが，それもいっさい間違えないように踊ろうとするあまり，楽しさが失われるようでは適切な指導とはいえないでしょう。

　また，器械運動の技のように一定の方向に高めていくのではなく，題材や曲のリズムなどを手がかりに，気づいたり，感じたりしたことを自由に表現することが保障されていることも，大きな特徴です。子どもにとって身近で関心が高く，具体的で特徴のある動きを多く含む題材や弾んで踊れるような軽快なリズムの音楽を取り上げるようにし，自己の心身を解き放して踊ることができるようにしていくことが重要です。

　勝ち負けや記録の向上などを目指す領域とは違い，すべての子どもが今もっている力やその違いをそのまま生かせるという，表現運動系の特徴を生かした授業づくりに期待します。

（白旗和也）

〈参考文献〉
中央教育審議会「幼稚園，小学校，中学校，高等学校及び特別支援学校の学習指導要領等の改善について（答申）」平成20年1月
文部科学省『小学校学習指導要領解説 体育編』平成20年8月
文部科学省「平成21年度全国体力・運動能力，運動習慣等調査報告」平成21年12月

4 動きの「感じ」と「気づき」を大切にする「表現運動」の内容

(1) 学習指導要領における表現運動の内容

　表現運動（表現リズム遊び）の主内容は，学習指導要領（2008年告示）においては1998年の学習指導要領と同様，「表現」や「リズムダンス」のように自由なダンスと，型のある「フォークダンス」の三つで構成され，小学校から高校へのつながりと発展性をもっています。低学年の「表現リズム遊び」（表現遊び・リズム遊び）は，身近な動物や乗り物などの題材の特徴をとらえて，そのものになりきって全身の動きで表現したり，軽快なリズムの音楽に乗って踊って楽しむ運動遊びです。中・高学年の「表現運動」（表現・リズムダンス・フォークダンス）は，自己の心身を解き放して，リズムやイメージの世界に没入し，なりきって踊ったり，互いのよさを生かして仲間と交流して踊る楽しさや喜びを味わうことができる運動です。

　特に，新学習指導要領の特徴の一つである中学1・2年での「ダンス必修化」は，明治以来の画期的な出来事であり，小学校での楽しくおもしろい体験が，中学校必修ダンスの履修に多大な影響を与えます。もう一つの特徴は，指導内容の具体化です。何を教えるのかが，低学年，中学年，高学年の2年くくりで示され，指導内容の共通化が図られたことです。それによって，教師は指導内容の具体的な検討から始めなくともよくなりましたが，どの学年に何時間，どの内容をどのように教えるかの検討は必要です。また，子どもは何をどのように身に付けたのかを知ること（評価）は，教師が指導を振り返るためにも重要です。このことによって，学習と指導が一体となった評価が可能になります。評価の観点として「技能」「態度」「思考・判断」が示されていますが，教師は評価の観点で分断することなく，子どもの心身が「いまーここ」で動いて「感じた」ことを，丸ごととらえることが大切です。表1－2に表現運動領域の評

価規準例を示しました。この評価の規準は，何を教えるのか（内容）と表裏一体の関係になっています。

教師が授業をするということは，「いつ，だれに，何を，どのように，なぜ」教えるのかを考えることです。また，教えた結果が，子どもにどのように受け止められたか。この一連の流れが授業であり，それぞれが関連しています。このことは，45分の授業であろうと10時間の単元であろうと同じです。

そして，授業は教師の計画通りに進むものではなく，教師と子ども，子ども同士のダイナミックなかかわりの中で，思いも寄らぬ展開を見せたりするものです。そのため，狭義の意味での指導内容は明確に決まっていても，広義の意味での学習内容は，授業の場の状況によって変容し，子どものからだの中に生成されているものも含むととらえます。

表1-2　表現運動領域の評価規準例　（国立教育政策研究所，2010：高橋改変）

技　能	態　度	思考・判断
○表現遊びでは，身近な題材の特徴をとらえ全身で踊ることができる（1・2年） ・表現では，身近な生活などの題材からその主な特徴をとらえ，対比する動きを組み合わせたり繰り返したりして踊ることができる（3・4年） ・表現では，いろいろな題材から表したいイメージをとらえ，即興的な表現や簡単なひとまとまりの表現で踊ることができる（5・6年） ○フォークダンスでは，踊り方の特徴をとらえ，音楽に合わせて簡単なステップや動きで踊ることができる（5・6年） ○リズム遊びでは，軽快なリズムに乗って踊ることができる（1・2年） ・リズムダンスでは，軽快なリズムに乗って全身で踊ることができる（3・4年）	○表現リズム遊びや表現運動に進んで取り組もうとしている（1～6年） ○運動の行い方のきまりを守り，だれとも仲よく踊ろうとしたり，友達と励まし合ったり助け合って練習や発表，交流をしようとしている（1～6年） ○運動をする場の安全に気を付けたり確かめようとしている（1～6年）	○表現遊びやリズム遊びの行い方を知るとともに，動きを広げるためのいろいろな動きを見付けている（1・2年） ・動きのポイントを知るとともに，自分に合った課題や題材を選んでいる（3・4年） ・課題解決の仕方を知るとともに，自分やグループの課題に応じた動きを選んだり，構成を変えたりしている（5・6年） ○題材やリズムの特徴を知るとともに，それに合った動きを選んだり，友達のよい動きを見付けたりしている（1・2年） ・よい動きを知るとともに，友達のよい動きを自分の踊りに取り入れている（3・4年） ・自分やグループのよさを知るとともに，練習や発表会，交流会で自分やグループのよさを生かす動きを見付けている（5・6年）

（2） 動きの「感じ」と「気づき」を大切にした内容

① 身体感覚（動きの「感じ」）は，「気づき」によって深化する

　私たちが動きを習得するときには，身体感覚が重要な働きをします。ここでいう身体感覚とは空間感覚や人との距離感覚も含み，動きの「感じ」と言いかえることもできます。これらの感覚を通して，動きの把握や修正や上達がもたらされます。近年では頭が指令して身体を動かすという回路だけではなく，頭を経由しない感覚の働きによって動きが出現することがわかってきました。そこで起こっていることは無意識レベルであるため言語化は難しいのですが，動いてみて気がついたことを「振り返る」ことによって，自他の身体に何が起こっていたのかを知ることができるので，運動学習には大事な点です。「気づき」によって身体感覚はさらに深化します。表現運動では身体そのものが表現の「素材」であるので，身体感覚に注目することは重要です。

　ただし，「気づき」は言語化できない場合もあります。例えば，「阿吽の呼吸」で動いたことを説明するにしても，せいぜい「息が合っていたね」というくらいでしょう。言語化できなくとも，身体には動いた感覚が残ります。しかもどんな感覚が身体に残るかは個々人によって違いがあります。例えば，自動車や蝶や流れ星に変身してイメージの世界に遊んだ陶酔感，なんば（同足同手）で輪踊りした懐かしさ，アップテンポの曲で仲間とノリノリで弾んだ解放感など。これらは明確な記憶というよりは，気持ちよかったとかおもしろかったとかの漠然とした「感じ」として表現されることが多いでしょう。そのような感覚が生まれることが今後も引き続き表現運動をしたいという思いにつながります。ですから言語化できないからといって，「気づき」がなかったのではありません。

② 身体感覚と「気づき」を手がかりにした技能の教材化

　表現運動でこれだけは押さえたい内容（身体感覚）を，評価規準例の技能から設定し，それを学ばせるための下位教材と留意事項を表1−3（次ページ）に示しました。これらが身に付けば表現運動は簡単です。しかし，この中身を実現可能にするにはもう少し絞った教材にすることが必要です。いくつもの教

材を持っていれば、教師は子どもの様子に臨機応変に対応できます。初心の教師は数少ない教材しか持っていないでしょうが、授業をするたびに増えていきます。

また、教材化には、子どもがいま何に戸惑っているのかを見極める教師の観察力と創意工夫が重要です。この観察が的外れだったり、教師の思いが強すぎて子どもの思いとズレると、子どものからだはすぐに萎縮します。イメージと動きとのズレが生じた場合も、子どものからだには違和感が残ります。例えば、身体を極限まで使い、ひと流れの動きができたからといって、題材のイメージとかけ離れれば、よい動きとはいえません。イメージと動きが掛け合わされたところに表現が出現するところが、他の運動領域と大きく異なる特徴です。

そして、身体感覚と気づきを促すためには、動いているときに言葉を投げかけます。「いまどんな感じ？」「他の動きはないの？」「ギリギリまで動いてみ

表1-3 表現運動の押さえたい技能内容（高橋, 2011）

押さえたい技能内容	可能な下位教材	児童の様子や留意事項
【表現】 a なりきって全身の動きで踊る	頭と臍の位置を変える	○直立で腕や脚を動かしていても胴体が余り動かない場合に有効。頭の高さを変える動きは陶酔しやすく、臍を動かせば体の中心が動き全身運動を導きやすい
b 題材の特徴をとらえる	動きの質感を見付ける	○題材からイメージは浮かんでも動きを見付けにくい場合、動きの質感（楽しい、流れるような、寂しい、さりげない、厳かな、鋭い、躍動的）から動いてみる
c 動きに変化と起伏を付ける	動きの三要素を変える	○メリハリを付ける場合には動きの三要素（時間、空間、力）を手掛かりに変えてみる。変化の仕方も、急激に変える、徐々に変えるなどの、やり方がある
d 即興的にひと流れの動きで表現する	ひと息で踊る	○思いつくままにとらえたイメージを、ひと息で踊れるようなまとまり感を持って動いてみる。グループでやるときもカウントで合わせる必要はない
e 簡単なひとまとまりの動きで表現する	d にはじめとおわりを付ける	○あるまとまり感を持った構成（簡単な作品）にするには、「ひと流れ」をふくらませて「はじめ」と「おわり」を付ける
【フォークダンス】 f 軽快なリズムに乗って全身で踊る	動きに込めた意味を知る	○踊りが伝承されてきた地域の背景を知り、動きやステップに込めた感じや表現を重視する。手をつなぐのが恥ずかしい場合は民踊から始めるとよい
【リズムダンス】 g 踊り方の特徴をとらえて踊る	向かい合って動き続ける	○両足で跳ぶ、速いリズムでのスキップなどの単純な動きに腕の動きも付けてみる。向かい合えば相手と応じた動きが生まれる

るとどう？」「止まるときは心臓も目も止まるよ？」「友だちと一緒に動くと気持ちいい？」「一番気に入った動きや場面は何？」など。断定的でなく疑問形の言葉によって，イメージや心身の動きは広がり焦点化します。これらの言葉が絶妙のタイミングで発せられなくとも，動き終わってから「どうだった」と聞けば，子どもの感じたことを知り気づくことができます。

③　中学年の表現「忍者」における身体感覚——動きの「感じ」からのアプローチ

ここでは，中学年の「空想の世界からの題材」である「忍者」を例に，押さえたい技能内容（表1 – 3のa〜d）の教材を，身体感覚に着目して紹介します。

a. なりきって全身の動きで踊る

幼児が変身世界に遊ぶ（なりきる）ときの様子を観察していると，頭を左右に振る姿があります。めまいの感覚です。低学年の子どもにはまだその様相は残っていますが，中学年以上になるとあまり見られなくなります。自我意識が芽生えた証拠です。表現は「他者の目が気になって恥ずかしくて動けない」ことが嫌われる理由にあげられます。そのため，なりきるためには，頭の位置を変えてみる感覚を味わわせましょう。頭の位置を変えなかったときと変えて動いたときの違いを，動いた本人や見ていた仲間に聞いてみます。違いがわかるのが「気づき」の第一歩です。また，初心者は腕と脚と口はよく動くのですが，胴体は動きにくい。胴体が動けば全身の動きになります。それには中心部である臍の位置を変えてみます。

これを「忍者」に応用してみます。誰しもが知っている手裏剣の技。立ったまま手先で手裏剣を投げるのではなく，「床すれすれの低姿勢から，ジャンプしても側転しながらも手裏剣を投げる」課題を提示し，難しい技に挑戦させれば，頭や臍の位置が変わり，なりきって全身で動く忍者たちが出現します。

b. 題材の特徴をとらえる（動きの質感を見つける）

忍者が城に侵入し，忍術を使って敵を倒し絵地図を入手するイメージを動きにすると仮定します。初心者はなかなか動きにできません。教師が「あと10分で発表するよ」と言っても子どもは話し込んでしまいがちです。なぜなら子どもは動きにする練習を学んでいないからです。ここでは動きの質感（躍動的で

鋭い質感）を選択してみます。城への侵入ルートは鋭角的でスピード感ある走り。敵との戦いはジャンプや転がる動きを多用した忍法。絵地図を入手後，城からの脱出はムササビのように飛ぶ。これらを共通課題として学習し（習得），それをもとに各グループが思い浮かべる忍者にアレンジします（活用）。この段階では各グループのイメージが優先するので，共通課題が入っていなくとも，躍動的で鋭い質感がどこかに残っていればよいとします。

　c．動きに変化と起伏をつける（動きの三要素を変える）

　初心者の場合は動きが単調です。言語の習得も，はじめは一語です。例えば「雨が降る」は空から水滴が落ちる現象です。その雨の種類も「春雨，五月雨，暴風雨，氷雨，黒い雨（広島原爆投下直後に降った黒い雨）」などの語彙が増えればイメージも豊かになります。それらを動きで表せば，降り方の強さも自ずと異なってきます。さらに動きの構成要素である時性（Time），空間性（Design），力性（Energy）を変えれば，動きに変化がつきます。それに流れをプラスすれば起伏がつきます。このようにイメージと動きの要素が加味されて，変化や起伏が生まれてきます。

　「忍者」に動きの三要素を応用してみます。戦いはスピーディーに（時性）。絵地図を見つける場面は5mの円に広がったところからスローモーションで中心に置かれた箱に近づく（時性・空間性）。脱出後は城に爆弾を落とし破壊（力性）。このような流れであるとメリハリが利いてきます。

　d．即興的にひと流れの動きで表現する（前述のa.b.cを盛り込んで）

　即興的に表現するとは，思いつくままにとらえたイメージをすぐ動きに変えて表現することです。ひと流れの動きとは，ひと息で踊れるまとまり感をもった動きの連続であり，表現的性格を出せる最小単位です。

　これらを「忍術を使って敵を倒す」場合で考えてみます。「手裏剣や変身の術で戦い，敵が落とし穴に落ちる」というイメージを浮かべたら，次々に動きを大雑把でもつなげてみます。「ひと流れ」のまとまり感を身に付けるのならば，教師は動きの流れが途切れないように支援します。何度か繰り返しひと流れ感をつかんでから，個々の気になることを指摘（前述のa.b.cの観点を盛り込んだ指

導）します。例えば，手裏剣の動きが弱い。狭い空間でやるから敵味方の区別がつかない。落とし穴なのに楽しそうな表情であるなど。これらを個別に指導してから，再度ひと流れを意識してつなげてみますが，カウントで合わせるのではなく，動きの勢いを大事にします。

④ 「感じること」と「気づくこと」の重要性

　表現運動の中でも指導が難しい「表現」に着目して教材内容を紹介しました。表現運動は系統的な技の習得とは異なり，心身が動いて感じるところからスタートします。自由に表現できる場において，初めて子どもは安心して感じ気づくことができます。個々の子どものからだに生成された感覚やイメージやリズムは違いがあるからこそ独創的な表現が生まれます。教師は，子どもが自他の心身にかかわり経験することを許す場を保障することです。教師の言葉さえも，教師自身の柔らかくダイナミックな心身から発せられることを忘れないでほしいと思います。

（高橋和子）

5 動きの「感じ」と「気づき」を大切にする「表現運動」の展開

(1)「表現運動」の特性と学習過程

　小学校の表現運動系の領域は，低学年の「表現リズム遊び」と，中・高学年の「表現運動」で構成され，主内容は，「表現遊び・表現」「リズム遊び・リズムダンス」「フォークダンス」の三つで構成されています。

　平成23年度より全面実施されている新学習指導要領では，これらの運動の特性は，「自己の心身を解き放して，リズムやイメージの世界に没入してなりきって踊ることが楽しい運動であり，互いのよさを生かし合って仲間と交流して踊る楽しさや喜びを味わうことができる運動である」としており，三つの運動それぞれの特性を表1－4のように記しています（文部科学省，2008）。

表1－4　三つの運動の特性と学習の進め方　（細川作成）

	表現	リズムダンス	フォークダンス
運動の特性	表したいイメージや思いを表現するのが楽しい運動	軽快なロックやサンバなどのリズムに乗って仲間とかかわって踊るのが楽しい運動	日本や外国の伝承された踊りを身に付けてみんなで一緒に踊るのが楽しい運動
学習の進め方	自由に動きを工夫して楽しむ創造的な学習		特定の踊り方を再現して踊る定形の学習

　このように，表現運動では，仲間とかかわったり，一緒に息を合わせて踊ったり，感じ合ったりというような身体を介しての仲間との豊かなコミュニケーションの中で，「没入してなりきって踊る」ところに運動のおもしろさ，いわば醍醐味があり，その動きの「感じ」やおもしろさをまず子どもたちの心と体で十分に体験させ，三つの運動それぞれの特性や楽しさにふれさせることが大切になります。

学習の進め方については，創造的な学習である「表現」「リズムダンス」と，定形の学習である「フォークダンス」とで異なりますが，特に，自由に動きを工夫して楽しむ「表現」「リズムダンス」の学習過程は，教師が先に用意した動きを身に付けるのではなく，まさに「いま−ここ」で，仲間と共に新たに動きを生み出していく，課題解決学習であるところに特徴があります。

新学習指導要領では，学習過程を「習得−活用−探究」の観点から見直そうという考え方がありますが，細江は「（この学習過程は）全く新しい考え方ではなく，ダンスの学び自体にそれが含まれている」（細江他，2008）と述べています。細江らは，「習得−活用−探究」を「やってみる−ひろげる−ふかめる」と置き換えることを提案していますが（細江他，2009），自由に動きを工夫する創造的な学習でも，まず教師のリードで踊ってみる（やってみる）ことが大事であり，そこでつかんだ動きの「感じ」や創作の手がかりをもとに自分たちなりに工夫する（ひろげる−ふかめる）という展開は，まさに「習得−活用−探究」という学習過程に合致しているといえるでしょう。

また，表現運動の学習では，活動の後や授業のまとめで教師と子どもたちの間で交わされる，次のような会話が大切にされます。

「今，踊ってみてどんな感じがした？」
……「自由に踊ると心も全部踊ってきた」「皆で一曲通して踊ると仲よくなれた感じがした」「私の知らない動きやその人特有の動きがあって楽しかった」
「お友だちの表現を見てどうだった？　どんな感じがした？」
……「何回も大きく跳んだところが大きな打ち上げ花火みたいで印象的だった」「みんなそろって動くだけじゃなくて，バラバラに動いているところもあってよかった。今度は自分たちもやってみたい」

表現運動の学習過程は，「よい動き」を体験させて動きの「感じ」を味わわせ，それを振り返らせて「気づき」を促し，皆で共有して次の学習に生かす，そんなプロセスであるともいえるでしょう。また，学ぶ動きの形（例えば，器械運動の技）や学んだ成果や結果（例えば，シュートが決まる）が見えにくいため，

学習の過程で得られる「感じ」や「気づき」は，学びの確かな手応えとしてもとても大切です。このように，表現運動は，元来，動きの「感じ」と「気づき」を大切にした学習であるということができるのです。

それでは，表現運動の創造的な学習と定形の学習，それぞれの学習過程について，具体的に述べることにしましょう。

（2） 創造的な学習である「表現」「リズムダンス」の学習過程

「表現」と「リズムダンス」の学習では，「表現」ではイメージをとらえて，「リズムダンス」ではロックやサンバのリズムに乗って，まずは即興的に自由に踊ることができるようになることをねらいとしています。「即興」とは，もともとダンスだけでなく，演劇や音楽（ジャズなど）でも用いられる手法で，頭で考えてから動くのではなく，教師の言葉，音楽，仲間の動きなど，その時その場の状況や刺激を心と体で「感じ」，即時に，直感的に反応して表現する行為です。そのため，知的な思考の枠を越え，思いもかけない生き生きとした新しい動きや表現が生まれるところに魅力とおもしろさがあります。

「表現」や「リズムダンス」の学習では，この即興表現を十分に体験させて身体を耕し，「感じ」，反応する身体感覚を身に付けた「踊るからだ」を育てること，また即興表現を通じて，学習の最初から我を忘れて没入して踊る「感じ」やそのおもしろさを心と体でつかませることが大事なのです。

このように子どもたちの自由な発想や動きを大切にする「表現」や「リズムダンス」ですが，よい動きには共通の原則があります（第4章5を参照）。自由に動きを工夫する創造型の学習の中で，いかに教師がこうした習得すべき内容を押さえるかが授業の成否を決めるポイントとなります。

① 「表現リズム遊び」の学習過程

低学年では，いろいろなものになりきりやすく，律動的な活動を好むというその年齢の子どもたちの特性を生かして，例えば表1-5のように，1時間の学習の中で「表現遊び」と「リズム遊び」の二つの内容の即興表現を行うなど，学習の進め方を工夫することが大切です（文部科学省，2008）。

表1-5 「表現リズム遊び」の基本的な学習過程（単元構成）例

(文部科学省，2013を基に一部加筆修正)

ねらい	軽快なリズムの音楽に乗って自由に踊ったり，動物のいろいろな様子や特徴をとらえて即興的に踊ったりする。	まとめ
1時間の学習の進め方	リズム遊び　ロックやサンバのリズムに乗って，友だちと一緒に楽しく踊ろう！ ・教師のリードで，1人で／友だちと，リズムに乗っていろいろな動きで即興的に踊る。【習得】　　・友だちとかかわり合いながら，動きを変化させて続けて踊る。【活用】	
	表現遊び　いろいろな動物に変身しよう！	【活用②】おもしろかった動物の様子や動きをみんなで一緒に踊る。
	動物　　昆虫　　海の生き物 【習得】 ・動きの特徴や質感の異なる二，三の動物を取り上げ，教師のリードで即興的に踊る。 【活用①】 ・変身したい動物のいろいろな様子をとらえて，なりきって踊る。 ・好きな動物を選び，友だちと一緒に「大変！ ○○だ」のような急変する場面を入れて簡単な話にして続けて踊る。 ・見せ合って楽しむ。	

　「リズム遊び」と「表現遊び」，共にまず教師のリードでその単元あるいはその時間に押さえたい動きを皆で共通に体験し（【習得】），それを受けて自由に工夫する（【活用】）構成になっています。

　例えば，「表現遊び」では毎時間の最初に，「動きの特徴や質感の異なる二，三の動物を取り上げ，教師のリードで即興的に踊る」とあります。小テーマが「動物」ならば，例えば「木から木に飛び移るサル」「にょろにょろ這うヘビ」「獲物を狙うワシ」のように特徴や質感の異なる三つの動物について，教師のリードでその特徴を皆で大げさに表現してみると，イメージの表し方や動きの「感じ」の違いがつかみやすく，次に自分で工夫する際の手がかりになるでしょう。

② 「表現」の学習過程

　次に，中・高学年の「表現」では，単元前半は毎時間異なる題材やテーマから表したいイメージをとらえて，「ひと流れの動きで即興的に表現」できることをねらいとします。そして，単元後半では「簡単なひとまとまりの表現」（高学年）の工夫へと発展させる，ステージ型の学習過程となります（表1-6）。

表1－6 「表現」の基本的な学習過程（単元構成）例

(村田，2011を基に一部加筆修正)

	（前半）多様な即興表現	（後半）簡単なひとまとまりの表現
ねらい	多様なイメージや動きをとらえて，即興的な表現を楽しむ。	表したいイメージを，構成や群の動きを工夫して「簡単なひとまとまりの動き」にして踊る。
グループ編成	・個が生きる2～3人の少人数で ・流動的に替わる相手と	・表したいイメージにふさわしい多様な人数で ・固定グループで
学習の進め方	【習得】 ①題材から共通のイメージや動きで思いつくまま踊る（教師のリードで）。 【活用】 ②好きなイメージでメリハリのある「ひと流れの動き」に工夫する（教師が工夫のヒントや手がかりを提示）。 ③見せ合って，感じを確かめ合う。	【探究】 ①表したいイメージ別グルーピング ②グループごとの創作や見せ合い（課題確認→動きづくりと感じの確かめ→見せ合い） ③踊り込みと演出の工夫 ④発表会

　単元前半の即興表現の1時間の流れでは，①「表現遊び」と同様，まず教師がこれだけは共通に体験させたいと思う重要なイメージや動きを取り出して，教師のリードで共に即興的に踊る活動を行います。子どもたちに題材とイメージや動きを結ぶ手がかりやきっかけを与えるとともに，よい動きのポイント（誇張，変化とメリハリなど）を押さえた動きを体験させることが重要です。

　続く②の「ひと流れの動き」の工夫では，①で踊った動きの「感じ」をもとに，グループで，おおまかに流れだけを決めて後は即興部分を残したままの生き生きとした表現にさせること，その時間に習得させたい技能のポイントをしっかり押さえて工夫させることが大切です。

　そして，③見せ合いでは，見るポイントを伝え，仲間（他グループ）のよい動きや表現に気づき，自分（グループ）の動きや表現を振り返ることができるよう促します。また，同じテーマ・題材でも，全く異なるイメージや動きがあることに気づかせ，それが「表現」のおもしろさであると押さえることが次の表現につながる大切な指導となります。

単元前半の【習得-活用】ではこのように，毎時間，「踊る・創る・観る」という三つの活動を行う1時間完結学習で進め，「感じ」や「気づき」を仲間や教師と共有し，認め合う振り返りの時間をしっかりもち，積み重ねていきます。
　次の単元後半の【探究】では，前半の即興表現の学習経験を生かして，グループで好きな題材やテーマを選び，ひと流れの動きをふくらませ，「はじめ-なか-おわり」の構成を加えて「簡単なひとまとまりの動き」の表現へと発展させ，最後に発表会を行います。
　この学習の段階では，ビデオ学習を活用するとよいでしょう。ビデオで自分たちの動きを客観的に見て，自分の踊っている「感じ」と実際の出来映えを比べること，そこで得た「気づき」をもとにして自分たちの動きを修正するとともに，自らの踊る感覚を高めることが，「できる・できない」が自分でははっきりわかりにくい表現の学習（「リズムダンス」も同様）ではとても有効です。
　③　「リズムダンス」の学習過程
　中学年の「リズムダンス」では，表1-7（次ページ）に示すように，毎時間，ロックやサンバのいろいろな曲を取り上げ，リズムの特徴をとらえて，仲間と自由にかかわり合い，掛け合いながら即興的に踊る活動を行います。まず教師のリードで，その時間で押さえたいリズムの乗り方や動きを即興的に皆で踊り（【習得】），その動きの「感じ」を生かして自分たちで動きを工夫する（【活用】）という1時間の学習の進め方の原則は，「表現」の学習の進め方と共通です。既成のステップや教師のつくった振りを練習することに時間をかける授業では，仲間と共にリズムに没入して踊る動きの「感じ」のおもしろさを味わうことはできません。
　「リズムダンス」は，参加して共に踊るほうが楽しく，いろいろな動きの発見・体験にもつながるので，踊る側と見る側が分かれている発表会よりも，1曲の中で各グループが工夫した動きを次々に踊って見せ合ったり（メドレー形式），互いの動きを教え合って交換したり一緒に踊ったり（ワークショップ形式）する「交流会」を，1時間の最後や単元の最後に取り入れるとよいでしょう。

表1-7 「リズムダンス」の基本的な学習過程（単元構成）例 （細川作成）

ねらい	ロックやサンバのリズムの特徴をとらえて自由に踊る。	交流会
1時間の学習の進め方	【習得】 ①ロックやサンバのリズムの特徴をとらえ，教師のリードで，仲間とかかわりながら，リズムに乗って弾んで踊る（共通の動きの体験）。 ②2人組等で動きを再構成して即興的に踊る。 【活用①】 ③2〜4人等の少人数グループで簡単な乗り方や動きを工夫して即興的に踊る。 　・共通の動きの体験をヒントに。 　・工夫のポイントや手がかりを提示。 《進んだ段階》 ④他のグループと工夫した動きの連続を交換し合ったり，つなげて長いフレーズに工夫したりして踊る（交流会）。	【活用②】 学習したリズム（曲）から，人気の高かった曲を選び，メドレーで踊る（交流会）。

（3） 定形の学習である「フォークダンス」の学習過程

「フォークダンス」は，伝承されてきた日本の民踊や外国のフォークダンスの動きやステップを身に付けて特徴をとらえて踊る，定形の学習で進められるのが特徴で，「踊りを通して日本のいろいろな地域や世界の文化に触れるようにする」（文部科学省，2008）ことが大切です。したがって，必ず外国と日本双方の踊りを取り上げ，それぞれの踊りの由来や踊りに込められた感情を説明し，文化の違いを理解するとともに，踊ることを通して体で「感じ」させることが大切でしょう。

例えば，《マイム・マイム》はイスラエルの踊りであり，開拓農民が乾燥した砂漠地帯に水源を見つけ，水源を囲んで「水，水，水，水，うれしいな！」とみんなで歌いながら水源発見の喜びを踊る踊りであると知ったとき，子どもの動きは変わり，いっそう生き生きとしたものになります。

また，両隣の友だちと連手し，軽やかな足のステップで音楽に合わせて踊る《マイム・マイム》と，北海道のニシン漁の様子を表し，腰を落として大地を踏みしめ，歌に合わせて力強く踊る《（正調）ソーラン節》を踊った子どもたちは，文化による身体性の違いを体で「感じ」，実感することでしょう。

ところで，フォークダンスを一曲踊り終えた後，拍手がわきおこることがよくあります。それは理屈ではありません。同じリズムのフレーズを繰り返すことで得られる心地よさと仲間との一体感，その酔いがあるからこそ，人はずっとその昔から踊り続けてきたのでしょう。その酔いを，心と体で感じさせることが「フォークダンス」の学習では大切です。

表1-8 「フォークダンス」の基本的な学習過程（単元構成）例（細川作成）

ねらい	外国のフォークダンスや日本の民踊を身に付けて，みんなで楽しく踊る。		交流会
	外国のフォークダンス	日本の民踊	
学習の進め方	【習得】 ①既習の踊り（前時に学習した踊り等）をみんなで踊る。 ②新しい踊りを身に付ける。 　・踊りの背景や由来を知る。 　・踊り方を大づかみに身に付けて，通して踊る。 【活用①】 ③踊りの特徴をとらえて，みんなで気持ちを合わせて踊る。 《進んだ段階》（いくつかの踊りを学習した後に）グループで，フォークダンスや民踊から1曲選び，自分たちで踊り方や特徴を調べて踊る。		【活用②】学習した踊りを，みんなで踊って交流する。

(細川江利子)

〈引用・参考文献〉
細江文利・池田延行・片岡康子・村田芳子（2008）「今，学校体育は…-変わるもの　変わらないもの-」『女子体育』50(1), pp.6-17
細江文利・池田延行・村田芳子（2009）『教育技術MOOK 小学校新学習指導要領の授業体育科実践事例集（1年2年）』『同（3年4年）』『同（5年6年）』小学館
村田芳子他（2011）『教育技術MOOK 新学習指導要領対応　表現運動・表現の最新指導法』小学館
文部科学省（2008）『小学校学習指導要領解説　体育編』東洋館出版社
文部科学省（2013）『学校体育実技指導資料 第9集「表現運動系及びダンス指導の手引」』東洋館出版社
社団法人日本女子体育連盟（2009）『女子体育　保存版！ダンス指導ハンドブック』51（7・8）

6 動きの「感じ」と「気づき」を大切にする「表現運動」の学習評価
——新しいPDCA(Procedure-Dig-Change-(be)Aware)サイクルから考えよう！

(1) 動きの「感じ」と「気づき」を大切にした学習評価

　ライト (Light, 2008) は，心と体を一体としてとらえることは，学習における「身体」とその「感覚」の重要性を暗示していると述べています。近年，「習得」ということが強調されております。これを，心身一元論からとらえれば，身体で動くこと，感じること，考えることを通して，運動とかかわる学習者が，その世界に適応し，なじんでいくプロセスであるととらえることができます。つまり，学習している身体が何かを構造的に身に付けていくととらえるのではなく，身体そのものが変化していくことであるととらえることができます (Light, 2008)。言い換えれば，学習とは，学習者が「なっていくこと」のプロセスであるともいえます (Begg, 2001)。

　例えば，水泳の授業で，学習者は，1本あるいは2本の指などで泳いだ後，何も振り返ったり考えたりすることなく，握りこぶしで泳ぎました。学習者は，このような経験を通して，動くことの「感じ」を味わい，水を押して移動する身体に「気づいて」いきました。また，教師は，身体のあらわれから動きの「感じ」を探求する学習者の「気づき」を評価し，発問的かつ共感的指導に生かしていきました。この例にみるように，学習は，感覚的な認知であり，それは，自己内対話や自己と他者，自己と学びの場，自己と学びの文脈の間に生まれる身体そのもので感じる認知的な相互作用であるといえます (Gunn, 2001)。したがって，動きの「感じ」を評価（味わい）し，それに基づいた「気づき」を評価（変化を見取る）していくことが「学習と指導」と表裏一体となった評価につながっているといえます。

(2)「これから」の学習評価を実践してみよう!

① Step1:学習評価について考え直そう!

学習評価の機能は,「①学習者の自己理解・自己評価の支援」「②指導の改善の手がかり」「③結果の証明を記録するための基礎資料」として機能すると考えられてきました。とりわけ,指導の説明責任と指導の結果の責任が強調され,③の機能が,学習評価の考え方を代表しているようにさえ思われてきました。したがって,「評価しなければならない。評価があるから……」といった考え方に基づく,他律的かつ管理的な評価が実践されてきたといえます。

しかしながら,宇土(1995)は,③を補助的機能であるとし,評価の主たる機能は,目的的機能である①と手段的機能である②としています。つまり,図1-2のような構造が成立しており,この二つが不分離な関係となる円の重なりの中心に,学習と指導と一体となった教育性の高い評価を見出すことができます。した

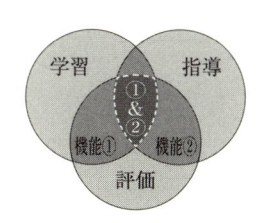

図1-2 評価の構造

がって,学習者が動きの「感じ」にふれ,その中で「気づく」①の機能と,指導者が,動きを「感じ」て「気づき」を見取り,かかわる②の機能が,調和していくことに一体化を見出すことができます。まずは,学習評価を学習や指導と一体となった,それらをよりよく支えるものであるという考え方から見直していきましょう。

② Step2:評価計画を構想しよう!

次に,評価を実践する上で,その計画を立ててみましょう。

動きの「感じ」と「気づき」を大切にした評価には,三つの位相があるといえます。それは,動きの「感じ」における評価と「気づき」における評価と,これらの全体を学びのまとまりとしてとらえた評価です。これは,図1-3(次ページ)のように,動きの「感じ」を当該単元で目指していく方向性としてとらえ,「気づき」を学びの姿からとらえて評価規準を設定していくことができると考えられます。

→ 〜〜〜気づき〜〜〜 → 探求していく
　　　　　　　　　　　　動きの「感じ」

図1-3　動きの「感じ」と「気づき」から考える評価規準

　例えば，用具を投げる運動として「身体と用具が一つのようになってなめらかに動き，力強く用具が押し出されていく感じに触れながら（「感じ」），身体全体の動きについて繰り返し経験し，試行錯誤し（学びのプロセス），私が用具を投げる動きと運動の関係に気づいている（「気づき」）」というように，「意欲・関心・態度」「思考・判断」「技能」を一体として評価規準を設定することが可能でしょう。このような評価規準に立った見取りの中で，それぞれの観点の学びとそのつながりが明確になり，評価が機能していくと考えられます。したがって，「感じ」と「気づき」が「いま-ここ」でどのように起きているかを評価し，「なっていきたい」自分を学習者が見出し，教師が見取ることを可能とします。

　③　Step3：学習評価を導入しよう！

　動きの「感じ」と「気づき」を大切にした評価の実践を考える上で，ボール

表1-9　伝統的な学習モデルと新しい学習モデルの比較（Griffin, 2005；鈴木改変）

		伝統的な学習モデル	新しい学習モデル
身体観	身体観	心身二元論	心身一元論
目標	目標	文化を伝承すること	文化を生み，応用すること
	成果	パフォーマンス	思考と意思決定
教授	指導	教師中心	子ども中心
	学習内容	技術に基づいている	コンセプトに基づいている
	状況	教師と子どもの相互作用	多様なかかわりによる相互作用
	教師の役割	情報の伝達	問題解決の支援
	学習者の役割	受動的に学ぶこと	能動的に学ぶこと
	評価	修正・調整（フィードバック）	学んだことの証明と学びのプロセスへの寄与

運動・球技の授業づくりで，グリフィン（Griffin, 2005）が提示した伝統的な学習モデルと新しい学習モデルの違い（表1-9）は興味深い考え方を示しています。

　伝統的な学習モデルでは，学習者は，提示された動きを身に付けていくために，モニターする役割を評価が担うと考えられます。つまり，動きが正確にできているかどうかが評価され，修正・調整する中で動きを学んでいくといえるでしょう。一方，新しい学習モデルは，「いま-ここ」で学習者が，多様なかかわりの中で動きをひろげていくために，ビューワーする役割を評価が担うと考えられます。つまり，動いている「感じ」を味わっている世界が，解釈され，提示され，学びを共有し，「気づき」を促し，それが履歴として「いま-ここ」を支えていく評価になっていくといえます。したがって，評価の導入には，三つの位相を表1-10のようにとらえ，実践していくとよいでしょう。

表1-10　評価の三位相

評　価	評価の具体的な行為
「感じ」の評価	「感じ」の解釈
「気づき」の評価	「気づき」の振り返り
全体の評価	学びの見取り

④　Step4：学びを見取る

　とはいっても，学びを見取るということは簡単なことではありません。そこで，この学びの見取りをするために，学習者がふれている動きの「感じ」と「気づき」ということに注目して，学習者の評価規準として設定しておきましょう。これは，教師や学習者の学びの支援となるはずです。

　以下，作成手順について説明をします。

　a）ふれてほしい動きの「感じ」を明確にする。
　b）学習者の個人的特性を踏まえ，その履歴の道筋について方向づける。
　c）「気づき」の出来事と内容について考える。
　d）動きの「感じ」と「気づき」に注目して学びを見取る評価規準を作成し，授業実践に役立てる。

表1-11　見取りのための評価規準例（山崎大志教諭の実践報告より）

	「感じ」＼「気づき」	動きのおもしろさへの気づき	動きの出来事への気づき	動きを工夫するための気づき
違和感	身体が不安定な感じ	音楽や仲間の動きと合わせてうまく踊ることはできないが、踊る感じを楽しんでいる。	それぞれの踊りには意味がありそうなことに気づき、その意味を見つけだそうと試みている。	踊りのもつ雰囲気が表現できるように工夫し、おもしろさにふれている。
（感じ）	身体が安定した感じ	音楽や仲間の動きに合わせてうまく踊り、踊る感じを楽しんでいる。	踊りの意味に気づき、その意味を表す踊りとなるように試している。	踊りのもつ雰囲気をみんなで共有できるように工夫し、おもしろさにふれている。
一体感	身体が安定したり、不安定になったりする感じ	音楽や仲間の動きと「一体感」を感じながら「踊れるか踊れないか」という動きのおもしろさを味わっている。	踊りの意味が体現できるかできないかの狭間で、その動きを楽しむための条件に気づき、それを生かそうとしている。	踊りのもつ雰囲気をみんなで共有しつつ、より自分たちらしい踊りになるように工夫し、仲間と協働して踊るおもしろい世界にふれている。

無意識・・・・・・・・（気づき）・・・・・・・・意識

(3)「学習評価」から「学び評価」へ新しい"PDCA"サイクル

　学習評価は、PDCA、つまり、Plan-Do-Check-Actionのサイクルの中でとらえられることが一般的です。しかし、これは、「獲得モデル」の伝統的な学習の考え方に立って考えられる場合が多いように思われます。それは、獲得するモノを身に付けるための活動のプランを考え、その練習を行い、そこで出力された結果を計画と比較して、修正して新しい学習行為と指導行為を繰り返していくように授業を考えがちであるためです。

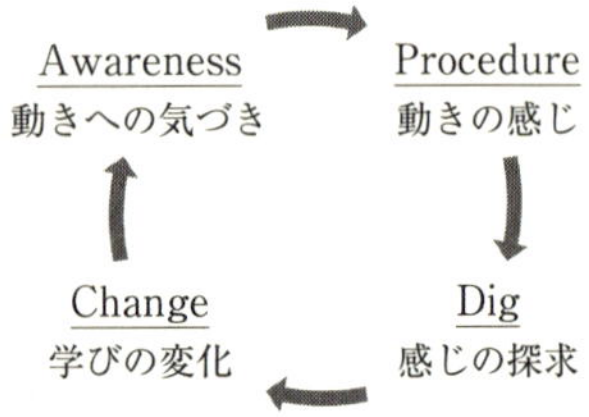

　一方、動きの「感じ」と「気づき」を大切にした「表現運動」を考えた場合、まずは「やってみて」そこから「感じ」を生み出すことが大切です。「感じ」は、やってみなければ味わえず、生まれません（Procedure）。そして、その「感

図1-4　新しいPDCAプロセス

Awareness 動きへの気づき → Procedure 動きの感じ → Dig 感じの探求 → Change 学びの変化 →（Awarenessへ戻る）

じ」に支えられながら,こだわりをもった探求をしていきます(Dig)。この探求の中で,「なっていく」という変化を繰り返し,学習を進めていきます(Change)。そして,その変化のプロセスの中で「気づき」を振り返り,「いま-ここ」での「なっていきたい」自分を見つめていくといえるでしょう。「感じ」と「気づき」を大切にした評価は,「やってみる」―「ひろげる」―「ふかめる」という学習過程(細江・池田ら,2009)における評価ともいえます。　　(鈴木直樹)

〈参考文献〉
Begg, A. (2001) Why more than constructivism is needed. In S. Gunn & A. Begg (Eds.), Mind, Body & Society：Emerging understandings of knowing and learning (pp.13-20). Melbourne：Department of Mathematics and Statistics, University of Melbourne.
Griffin, L. & Butler, J. (2005) Teaching Games For Understanding：Theory, Research And Practice, Human Kinetics.
細江文利・池田延行ら (2009)『小学校体育における習得・活用・探究の学習　やってみる　ひろげる　ふかめる』光文書院
Light, R. (2008) Complex Learning Theory-Its Epistemology and Its Assumptions About Learning：Implications for Physical Education. Journal of Teaching in Physical Education, 27, Human Kinetics, Inc. pp.21-37
宇土正彦 (1995)『体育学習評価ハンドブック』大修館書店

ちょっと一息

ダンスはぼくらの合言葉──南米ブラジルの舞踊文化

　世界地図を広げると，南米大陸の東の端にレシーフェという港町が記されています。ここにはおよそ百年前に誕生したフレーヴォという庶民のダンスがあり，年に一度のカーニバルはその晴れ舞台です。1996年，このダンスの普及を目的とする公立学校がこの町に設立されました。そのことも手伝い，今日フレーヴォは地元の人々に愛着をもって受け入れられています。

　カーニバルのパレードでブラスバンドの演奏に合わせて自由奔放に踊られるフレーヴォに特定の振付はありません。即興的なソロの演技が基本です。ただ演技を構成するステップがすでに百種類近くあり，学校ではそれらの動きとその組み合わせ方を学びます。この十年余り，幾度となく地元の青少年に交じってこの学校の授業を受ける機会に恵まれました。このダンスにはしゃがんで行う動作や空中に跳び上がる動作が数多く含まれます。瞬発力と持久力が要求されるため身体にはかなりの負荷がかかるのですが，ダンスフロアに冗談と笑い声が絶えることはありません。

　2006年にこの学校の若者たち14名が米国ニューヨーク市で開催された国際舞踊コンクール群舞部門の決選にブラジルを代表して出場しました。その大舞台でフレーヴォの妙技を披露した彼らは見事第二位に輝いたのです。この結果はコンクールに出場した若者たちの心に大きな自信と誇りを喚起したことでしょう。多くの住民が経済的には恵まれない状態にあるといわれるレシーフェですが，フレーヴォを演ずる青少年の表情には彼らの明るい未来を暗示するかのような誇らしげな輝きが満ちあふれています。

（神戸　周）

第 2 章

「表現運動」Q＆A

1 「表現運動」に関する教員の意識調査結果

〈実施時期〉　平成22年12月〜平成23年1月
〈実施場所〉　A県内小学校
〈調査対象〉　1年〜5年経験者　13名　　6年〜10年経験者　15名
　　　　　　　11年以上経験者　12名

【調査結果】

1　あなたはこれまで，表現運動系（表現リズム遊び・表現運動）の授業をどのように指導されたことがありますか。（複数回答可）

> a　運動会の演技種目の指導として
> b　運動会とは関係のない単独単元として
> c　運動会とは関係のない組み合わせ単元として

1年〜5年経験者
- 運動会のみ: 46%
- 単独のみ: 8%
- 組み合わせのみ: 0%
- 運+単: 38%
- 運+組: 0%
- 単+組: 0%
- 運+単+組: 8%

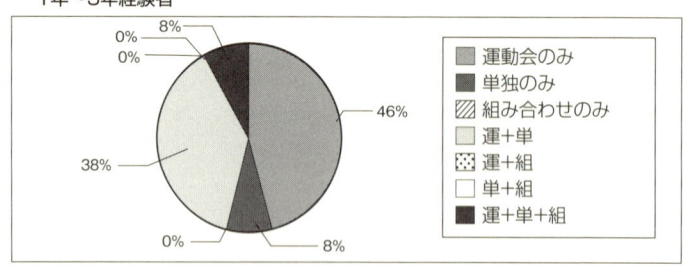

6年〜10年経験者
- 運動会のみ: 27%
- 単独のみ: 20%
- 運+単: 20%
- 運+組: 13%
- 単+組: 0%
- 運+単+組: 20%

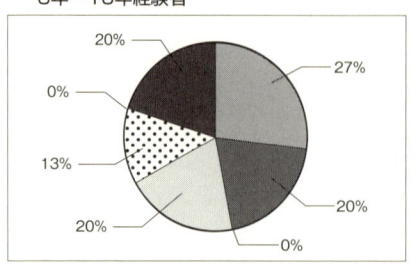

11年以上経験者
- 運動会のみ: 59%
- 運+組: 8%
- 運+単+組: 33%
- その他: 0%

42

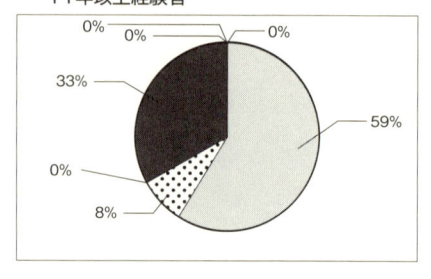

表現運動の授業が、運動会の演技種目の練習中心となっていることがわかる結果となりました。限られた時間の中で、教師が決めた動きを子どもたちに身に付けさせるだけの指導になっていないかが心配されるところです。また、経験を重ねることで、多くの教員が運動会とは関係のない単元学習に取り組む機会を得ていくようですが、学年全体や複数の学年合同で行う運動会の練習が中心となっていることを考えると、学級での表現運動の授業への経験不足が、教師の不安につながっていることが予想されます。

2　表現運動系の授業を計画するときの問題点を自由にお書きください。

1年〜5年経験者

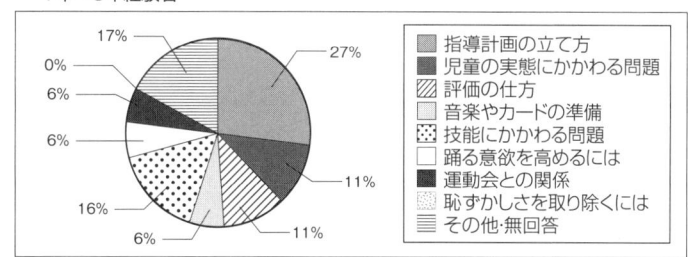

- 指導計画の立て方　27%
- 児童の実態にかかわる問題　11%
- 評価の仕方　11%
- 音楽やカードの準備　6%
- 技能にかかわる問題　16%
- 踊る意欲を高めるには　6%
- 運動会との関係　6%
- 恥ずかしさを取り除くには　0%
- その他・無回答　17%

6年〜10年経験者

- 指導計画の立て方　18%
- 児童の実態にかかわる問題　14%
- 評価の仕方　12%
- 音楽やカードの準備　12%
- 技能にかかわる問題　12%
- 踊る意欲を高めるには　12%
- 運動会との関係　4%
- 恥ずかしさを取り除くには　8%
- その他・無回答　8%

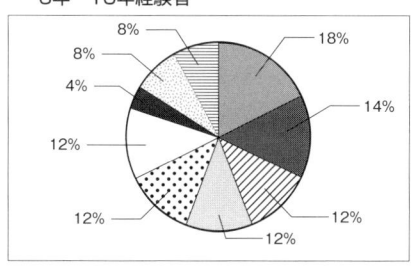

11年以上経験者

- 指導計画の立て方　25%
- 児童の実態にかかわる問題　16%
- 評価の仕方　11%
- 音楽やカードの準備　11%
- 技能にかかわる問題　0%
- 踊る意欲を高めるには　5%
- 運動会との関係　11%
- 恥ずかしさを取り除くには　0%
- その他・無回答　21%

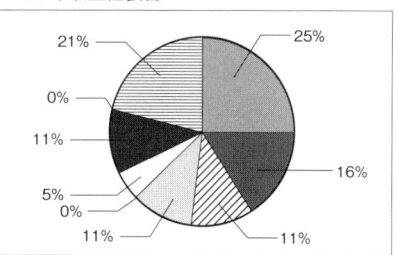

「指導計画」の中には、授業の流れだけでなく、取り上げる題材や目標の設定も含めて集計しましたが、どのグループでも「指導計画をどのように立てればよいのか」という点で苦労していることがうかがえます。表現運動は他の領域に比べ、授業イメージをもちづらい領域であることがわかります。

また、子どもたちがどのような力を積み上げてきているのかが把握しづらいという「児童の実態にかかわる問題」、「評価の仕方」がわからないという問題などが、授業計画段階での大きな課題となっていることがわかります。

3 表現運動系の授業を実施する中での問題点を自由にお書きください。

1年～5年経験者

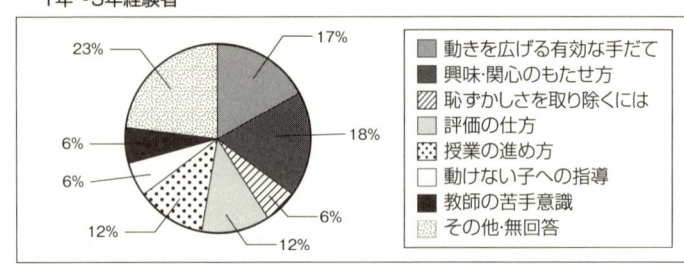

- 動きを広げる有効な手だて: 17%
- 興味・関心のもたせ方: 18%
- 恥ずかしさを取り除くには: 6%
- 評価の仕方: 12%
- 授業の進め方: 12%
- 動けない子への指導: 6%
- 教師の苦手意識: 6%
- その他・無回答: 23%

6年～10年経験者

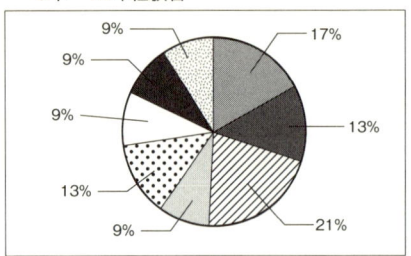

- 動きを広げる有効な手だて: 17%
- 興味・関心のもたせ方: 13%
- 恥ずかしさを取り除くには: 21%
- 評価の仕方: 9%
- 授業の進め方: 13%
- 動けない子への指導: 9%
- 教師の苦手意識: 9%
- その他・無回答: 9%

11年以上経験者

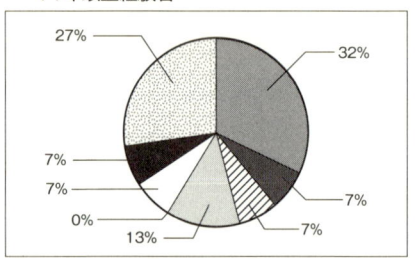

- 動きを広げる有効な手だて: 32%
- 興味・関心のもたせ方: 7%
- 恥ずかしさを取り除くには: 7%
- 評価の仕方: 13%
- 授業の進め方: 0%
- 動けない子への指導: 7%
- 教師の苦手意識: 7%
- その他・無回答: 27%

> どのグループにも，同じような問題点を抱えながら実践を行う教員が存在するということがわかる結果となりました。特に，子どもたちの動きを広げる工夫や，表現運動の授業に対する意欲の高め方，恥ずかしさの除去，評価の仕方などに不安を感じながら，実際に授業を行っている教員が多いことがわかります。

4 その他，疑問点や授業づくりのアイデアなど，表現運動系についてお考えのことがあればお書きください。

> ○運動会の練習以外で表現運動に取り組むことがなかなかできません。
> ○運動会以外で表現運動に取り組まないのは，指導法がわからなかったり，教師の方が恥ずかしかったりすることが原因ではないでしょうか。
> ○表現運動は運動が得意な子も苦手な子も楽しんで取り組みやすい種目だと感じています。音楽に乗って身体を動かすのは子ども（大人もそうだと思います）にとって，とても気持ちがいいみたいです。
> ○低学年のうちから自由自在に体を動かして表現することのおもしろさを体感することが大切だと思います。
> ○表現運動について正しく理解している人，正しく学んでいる人が身近にいません。

【現状と課題を踏まえて】

　本調査を行うことで，現場の教員がさまざまな不安や悩みを抱えながら表現運動系の授業を行っていることがわかりました。なかでも，次の二つの点については，教員の不安や悩みを解消する上で乗り越えなくてはならないものと考えます。

　1点目は表現運動と運動会の関係です。家庭や地域の方々に"見せる"ことに主眼が置かれた運動会の演技種目の練習時間＝表現運動系の学習時間となってしまっている現状があるようです。"見せる"ことだけでなく，踊ることそのもののおもしろさを子どもたちがしっかりと探求できるような授業にしていく工夫が必要といえます。

　2点目は表現運動の授業に対するイメージの希薄さです。表現運動系の授業では「どんなことをすればよいのかわからない」というのが教員の本音ではないでしょうか。このようなことは，他の領域にはない，表現運動系だけがもつ難しさであるといえます。

　とはいえ，調査結果からは，これらの問題点をきちんと自覚し，改善していきたいと願う多くの先生方がいることもわかりました。本書が提示する理論や実践例が，現場の先生方の願いを叶え，多くの子どもたちと豊かな表現運動系の授業をつくり上げるきっかけとなれば幸いです。

（山崎大志）

2 「表現運動」Q&A

Q1 子どもの恥ずかしさを取り除くには？

学年が上がるにつれて、身体表現することに対する恥ずかしさが大きくなってくるように感じています。子どもたちが恥ずかしがらずに踊るためにはどのような工夫をしたらよいのでしょうか？

A 今、子どもたちの生活の中には音楽があふれ、子どもたちはいつの間にか、自分の体が感じるままにリズムを刻んでいます。また、身近な動物や昆虫になりきって身体表現したり、強風や大雨の様子などを、体全体を使って表現したりすることが自然とできる子どももたくさんいることでしょう。

しかし、学年が上がるにつれ、「身体表現することが恥ずかしい」「友だちやまわりの人の目が気になって踊ることができない」など、子ども本来のもっている姿がどんどん少なくなっていき、心も体も硬くこわばってしまう子どもが増えてきています。子どもたちはどんな時に恥ずかしさを感じ、踊ることに抵抗を感じるのでしょうか。次のような場面における、子どもの思いに合わせた教師の手だてについて考えてみましょう。

| 友だちの目が気になり、動けない。安心して踊ることができない。 | → | 友だちの目が気になるなら、友だちとペアになり一緒に踊ってみましょう。 |

誰かと一緒に踊ることで、一人の時より安心して踊ることができます。また、

> はじめは教師のほうでペアを決めていきます。恥ずかしくて踊れない子には、友だちと上手にかかわれる子や進んで踊ることのできる子を。また、いつも一緒の友だちではなく、ふだん一緒に活動しない子ども同士をペアにしていきましょう。

たくさんの友だちと出あい，たくさんの友だちのよさを見つけられます。そして，自然と友だちの踊りをまねして自分の踊りへと変化していきます。

| 最初からいきなり踊るのは，恥ずかしい。 | → | 表現やリズムダンス，フォークダンスの学習につながるような「体ほぐしの運動」を入れてみてはいかがでしょうか。 |

　表現運動領域は「体ほぐしの運動」と関連が深い内容です。特に，リズムダンスの「どの子も夢中になって踊り，心も体も解放することができる」「教師側から与える踊りではなく，一人ひとりが自由に動き回って楽しむことができる」という活動が，結果として体ほぐしのねらいにふれていくことができるのです。したがって，リズムダンスの学習では特別に「体ほぐし」を入れる必要はないと思いますが，表現やフォークダンス，そして，はじめてリズムダンスの学習を行う子どもや，心も体も固まってきている高学年の子どもたちには，学習につながるような「体ほぐしの運動」を入れていくとよいです。

　〔例〕
　　○表現…ダンスウォーミングアップ・新聞紙や風船に変身・全身でじゃんけん
　　○リズムダンス・フォークダンス…円形リズムとり・二人組でコーヒーカップ
　　など

　勝ち負けや記録の向上などを目指す領域とは全く違い，すべての子どもが今もっている力やその違いをそのまま生かせるという表現運動だからこそ，つねに子どもたちが今何に戸惑っていて困っているのかを見極めることが大切です。また，教師の思いが強すぎて子どもの思いとズレるとすぐに子どもの心と体は萎縮します。いつも子ども一人ひとりに寄り添い，子どもの「感じていること」をつかみ，その子に合った声かけをしていくことが一番大切なことであり，そうすることで「恥ずかしさ」という大きな壁が崩れることでしょう。

　でも，一番の特効薬は…
　　☆　少しでも踊れたらどんどんほめる！
　　☆　一緒に踊る!!　　　　　　　　　…ですね。　　　　　（前田知美）

> **Answerを聞いて…**
>
> 　アンサーを聞いて，恥ずかしさや踊ることへの抵抗を感じている原因を感じ取り，子どもたちの気持ちに合わせた支援が必要であることがわかりました。例としてあげられている場面以外にも子どもによってさまざまな原因があるはずです。その子どもたちの思いに合わせた具体的な手だてを考えていきたいです。
>
> 　子どもたちが思いのままに夢中で表現できるような支援を行いながら，自ら子どもたちと一緒に踊り，表現することを心から楽しんでいる姿を見せることで，子どもたちを巻き込んで，「表現するっておもしろい!!」という雰囲気をつくっていきたいと思います。
>
> (東京・1年目・男)

Q2　動けない子への働きかけは？

> 　音楽や教師のかけ声に合わせて感じたことを素直に身体表現できる子がいる一方，体が固まったように動けない子がいます。動けない子を動けるようにする工夫はありますか？

A　表現運動での「表現」は，題材になりきりそのイメージをふくらませるという，個々の創造を生かした運動です。また，「リズムダンス」は，その音楽のリズムに乗って心も体も弾ませて自由に踊る運動です。つまり，個々の心と体が感じるままに動きをつくっていけるのです。本来，子どもたちは，音楽が聴こえるとその音楽に心と体が溶け込み，自然と体を揺さぶられるはずです。ところが，表現運動の授業の場面で，体が固まったように，動けないように見える子どもたちがいます。これは，リズム感がないとかイメージがもてないというのが原因ではないでしょう。多くは，恥ずかしさからくる心の閉塞感と，空間認識が狭いことからくる体の閉塞感ではないでしょうか。感じたままを表現する前に，どのように見られるかという他者への意識が，心と体の感じる動きを阻害してしまっていると考えられます。そこで，これらの閉塞感を取り除き，動ける体をつくる授業づくりを考えていきましょう。

　心を解放するためには，子どもたちが聴き慣れた音楽を使い，一人の感じた

動きをまねたり，教師の動きをまねたりしながら，みんなで体を動かし，引き続き新たな動きを自由に創造させてはどうでしょう。特に動きの硬い子には，教師が寄り添い小さな動きでも見逃さず称賛し，また動きだけでなく表情にも気を配って笑顔を称賛することで，心が徐々に解放されていくことでしょう。さらに，2人組や3人組などの形態を工夫して，まねたり，対比したりする動きを即興でつくるなどの，他者とかかわり合う活動を織り交ぜていけば，おのずと解放へと向かうのではないでしょうか。自己と他者と音楽を感じることから新たな自分を発見できるといいですね。

　心の解放が進めば，それに伴って体も解放されるでしょう。しかし，それでも動けないように見える子たちは，動きの制限がないのに制限を受けているかのように感じている子でしょう。そこで，自分の体はいろいろな方向に動けること，動かしていいことを，みんなで試していってはどうでしょう。非日常的な動きを試せる自分の「動ける体」を感じさせるのです。さらに，スペースを自由に使えるようにさまざまな方向へ移動していってもいいでしょう。心の解放と体の解放は切っても切れないものであり，心と体の解放が，イメージをふくらませて「動ける体」の本領を発揮された授業となるでしょう。詳しくは，授業実践例を参照してください。

(田中勝行)

Answerを聞いて…

　私は正直なところ，自らが「素直に身体表現できる」とは決して言えません。ですから，教師である私自身が，Answerにあるような「動ける体」になりたいと思いました。しかし，教師が動ければそれでよい，ということではないでしょう。それだけではなく，教師が子どもとどんなかかわりをもてるのかが重要だと思われます。日々顔を突き合わせ，子どもと向き合っている教師だからこそ，できることがあるはずです。

　そこでAnswerにあるように，子どものちょっとした動きや表情も称賛することや，子どもの動きをまねたり教師の動きをまねさせたりすることなどを実践していきたいです。そのように教師が肯定的にかかわることによって，子どもたちの間にもそのような関係が生じ，より動ける体に変化していくのだと思います。

　まずは教師である私が，子どもたちと共に表現することを楽しみたいです。そうしながら，今回述べられたさまざまな方法を実践させていただきます。(千葉・3年目・女)

Q3 工夫のある導入とは？

> 子どもたちの意欲・関心を高め，踊る気持ちをふくらませる上で，単元や毎時間の導入場面の工夫が重要だと思います。表現運動ならではの導入の工夫があれば教えてください。

A みなさんは、「海」という言葉から、どのようなイメージをおもちでしょうか。例えば、漁師にとっては、海は仕事の場であり、また生活そのものであり、私たちとは異なるイメージがあるのかもしれません。特に、「ソーラン節」の世界では、冬の荒波に船を乗り出す漁師たちにとっては、ことさら厳しい環境をイメージするかもしれません。

ここで押さえておきたいことは、「海」という言葉一つとってみても、その概念形成は人それぞれだということです。一人ひとりのモノや他者とのかかわり合いの中で「海」が構成されていくのです。

体育の授業の中でも、子どもたちは身体を通して、さまざまなアクティビティを経験します。この経験からさまざまな感情が湧きおこり、認識に対する「ズレ（差異）」が生じます。そこに摩擦が生じることもあるでしょう。表現やダンスにおいても同じことがいえるでしょう。このもともと「ズレている」ことを大事にしていくことはできないでしょうか。「ズレ」があるからこそ、「気づき」が生起し、人はモノや他者にかかわろうとするのだと思います。

具体的に『小学校学習指導要領解説 体育編（平成20年）』の中学年の例示を見てみましょう。そこには、「空想の世界からの題材」として「○○探検」が例示されています。この「○○」のところでは、子どもたちはさまざまな探検をイメージすることでしょう。ジャングル探検もあれば、海底探検、洞窟探検もあるかもしれません。または、自分たちが真夜中の学校を探検するという場面を考えることだってあるかもしれません。すでにこの時点で、探検に対する「ズレ（差異）」が生じていることがうかがえます。また、この「ズレ（差異）」によって、自分とは異なる見方や感じ方に出あい、子どもたちの「探検」に対

する世界が広がっているのです。そして，その世界を創造していくのです。

　次に，リズムダンスについて具体的に見ていきましょう。中学年のリズムダンスの例示では，はじめに「軽快なロックやサンバなどのリズムに乗って全身で弾んで踊ったり，友だちと自由にかかわり合ったりして楽しく踊ることができるようにする」とあります。この「リズムに乗る」ことが重要になってきそうですね。リズムをリズムと感じ取るのは人間の側です。最初からリズムがあるわけではないのです。例えば，「1年生を迎える会」で1年生が入場曲に合わせて体育館に入場してきたとします。最初は2年生から6年生までの在校生が，各々に歓迎の拍手をして1年生を迎えていたのが，徐々に音楽に合わせて手拍子に変化していくことがあります。このとき各々の歓迎が全体への一体感へと変化していきます。この一体感がさらに全体の歓迎ムードを高めていくような相乗効果につながることがあります。子どもたちはリズムを感じ取り，その感じ取ったリズムに身体で拍子をつけているのです。それが手拍子です。リズムダンスも，最初から「踊らなければならない」ととらえると，苦しくなってきます。まずは，リズムを感じ，リズムに乗ろうとする身体を大切にしていきたいものです。きっとその段階でも子どもたちの中で「ズレ（差異）」が生じることでしょう。でも，逆にこの「ズレ」を楽しみ，みんなで共感しませんか。「ズレ（差異）」に意味を見いだしたとき，人はその「ズレ（差異）」に働きかけようとするのです。

　子どもたちの間で生じる「ズレ（差異）」を認め合える雰囲気づくりから始めてみませんか。この「ズレ（差異）」があるからこそ子どもたちの世界が広がり，その世界を創造しようとするのです。また，「ズレ（差異）」があるからこそ子どもたちはかかわり合い，一体感を生み出すのです。　　　　（寺坂民明）

── Answerを聞いて…─────────────────
　私は，子どもが表現運動系の学習を通して「表現することの楽しさ」を存分に味わえるように，授業の導入から心を解放して活動できる環境づくりを心がけています。それは実態として，自己の表現の仕方が正しいのかどうかという「できる／できない」とい

う結果を意識するあまり，不安そうに運動する子どもが多いという印象があるからだと思います。そのような子どもに対してもこの「ズレ（差異）」が有効に作用することが理解できます。互いの「ズレ（差異）」を認め合い，世界を広げようとするプロセスは，人間関係の形成プロセスと同じように感じます。Answerを読んで，表現運動の授業において，教師はどのような役割を担うことが求められるのか，とあらためて考えさせられました。

(東京・6年目・男)

Q4 効果的な演示の仕方は？

踊ることが苦手で，表現運動の授業で子どもたちのイメージをふくらませられるようなよい手本を示すことができません。子どもたちの前に立って自信をもって演示ができる工夫があれば教えてください。

A 踊ることに慣れていなかったり，子どもの前で踊る恥ずかしさがあったりして，「表現運動の授業は気が重いなぁ」と感じながらも，なんとか自分がよいお手本を示し，踊るおもしろさをしっかりと子どもたちに味わわせたいと考える教師は多くいるようです。しかし，本書では，表現の題材からイメージしたことを少しずつ身体で表現してみたり，音楽のリズムに合わせて自然と身体を動かしてみたりする，子どもの「感じ」を出発点としながら実践を構築するという，従来から「表現運動」に内在する学習観に沿った授業を提案しています。これは，あらかじめ教師が考え，決めた動きを，子どもたちにたくさん身に付けさせることを目指す学習観に立つ授業とは大きく異なるものです。したがってここでは，教師のいわゆる"お手本"は，子どもの動きを教師の望む鋳型にはめ込むためのものではなく，子どもの踊りの世界を広げるために必要な多くの手だての中の一つと考え，"踊る教師の姿"の上手な活用法について考えてみたいと思います。

まず，"踊る教師の姿"は，子どもたちの踊るきっかけになることができるということです。単元のスタートでは，これからどんなことが始まるのか楽し

みな子もいれば，不安な子もいます。特に，不安を感じている子にとっては，教師の姿が助け舟となるでしょう。授業のテーマに合わせて「どんなことができそう？」と発問することで，まず積極的な子どもの動きを引き出し，それをまねして教師も踊ります。子どもたちから動きが出なければ，動物や乗り物を見立てた簡単な動きや音楽に合わせて軽く体を揺らすといった，「こんな感じかなぁ」という教師の動きで授業をスタートさせましょう。うまい下手ではなく，「あんな風にやればいいのか！」と子どもを安心させたり，「こんなこともできるかな？」と思わせたりすることができれば十分なのです。

　次に，"踊る教師の姿"によって，子どもたちの踊りをより豊かにしていくことができます。踊り出したクラスの様子を一緒に踊りながらよく観察し，踊りの変化に気づき，「〇〇さんの動きおもしろいね！」と声かけしながらその動きを教師がまねすることで全体に広げます。"踊る教師の姿"をよく見ている子どもたちは，仲間の「感じ」を味わってみようとすぐにまねをするので，さまざまな動きが広まっていくでしょう。数種類のおもしろい動きを繰り返す中で踊る雰囲気を高めることで，自分の「感じ」を大事にした別の踊り方を探求しようとする子どもたちの意識を高めることもできるかもしれません。

　グループでの創作やワークショップへと活動が発展しても，"踊る教師の姿"の出番はあります。子どもたちの動きを受け取りつつ，その動きをよりダイナミックにしたり，リズムを変えたり，空間を広げて踊ってみたりすることで，教師も活動の中に入り込むことができます。動き方を押しつけるのではなく，おもしろい踊りを一緒につくり上げる協働行為者として存在する教師が，表現運動の授業を盛り上げていくことでしょう。

　このように，子どもにとって"踊る教師の姿"は表現運動の授業における魅力的な環境の一つとなりえます。子どもの「感じ」を見取るだけでなく，自分の踊る「感じ」にも耳を傾け，子どもたちとの共感を動きに変換してみることも，「自信をもって演示」するために必要なことかもしれません。踊ることはおもしろい。教師が楽しむことに子どもたちが興味をもたないわけがありません。恥ずかしさを抱えつつ，「先生，顔真っ赤！」と毎回子どもたちに突っ込

まれながらも，踊り続ける気持ちよさを味わってみましょう！　　　　（山崎大志）

> **Answerを聞いて…**
>
> 　子どもの「感じ」を出発点としながら実践を再構築していくために，教師の演示がとても重要であることにQ＆Aを通して気づきました。私自身も表現運動の授業となると，子どもたちの前での実演に抵抗を感じてしまいます。自分ではうまく子どもたちに示してあげられていないのでは……と悩んだ結果，私は子どもたちのいろいろな動きをすべて「肯定的に評価する」ことをとにかく繰り返しました。「おもしろい」「本物そっくりだね」などと声かけをして，さらに，「○○な動きが」というように，具体的にどこがいいのかを言葉と子どもの動きのまねでしっかり伝えてあげるようにしました。雰囲気が高まり，いろんな動きがその後生まれて，楽しく授業を終えることができました。
> 　子どもたちが「感じ」たことを，教師も一緒に「感じ」て楽しむことが大切なのだと自分の授業やこのＱ＆Ａを通して実感しました。楽しさも恥ずかしさも子どもたちと共有できることを目指し，楽しい表現運動の授業づくりに努めたいと思います。
>
> （広島・5年目・男）

Q5　求めるべき子どもたちの姿とは？

> 　子どもたちが「ここまでできればよい」という目標がわかりづらい表現運動は，正直なところ指導しづらい領域だと感じています。私たちは，子どもたちのどのような姿を求めて授業を行っていけばよいのでしょうか？

A　この質問にまず，端的な回答を示してから解説をしたいと思います。

> 　「ここまでできればよい」という目標は，運動に親しむ資質・能力を育成するといった観点からいえば，そもそも設定不可能であり，子どもに求めたいことは，単元でふれさせたい運動の特性や魅力に自分なりの参加の仕方で十分にふれることができているという姿といえます。

　「最低限できるように」とか「ここまでできればよい」といった際の「最低限」

や「ここまで」というイメージは，「表現運動よりも水泳や器械運動のほうがわかりやすい」という言葉によってメタファーされています。つまり，これは水泳や器械運動等のように一般的に身に付けさせたい技術がはっきりしているもの，具体的にいえば，泳法や技などが観念的な指標として持ちやすいということを意味していると考えられます。裏返してみれば，表現運動では，子どもたちに獲得してほしい技術や知識が設定しにくいということだと考えられます。すなわち，技術や知識を獲得して積み上げていくことに基づいて，到達点が設定され，客観的にそれを「できる-できない」で判断し，「どれくらい」それらが身に付いているかという標準的な姿に求めるべき子どもたちの姿をとらえるということであると思います。つまり，教師は，子どもたちを「完成品」にするために，一つひとつパーツを付け加えていくように指導し，それを受け取っていくことを学習であると考えており，だいたいどれくらい受け取ることができれば，最低限完成品といえるかという考え方に立っていると思われます。このように考えると，子どもたちに求めたい姿は，いわゆる欠陥のない性能のよいパフォーマーになるということです。このように，子どもたちを外側の基準にあてはめて同じことができるようにしていくことを求めることは適切なのでしょうか？　この問いに対する答えは，「ノー」です。

　私たちは，生涯にわたって豊かに運動とかかわる子どもを育てることを，技術や知識の獲得とイコールであると考えることはできないはずです。その証拠に，国際競技者レベルの高い技能を有するスポーツ経験者が，競技引退後に運動から遠ざかる傾向にあることがあげられます。技能が高い，知識があるからスポーツの愛好的態度や継続するための力を身に付けさせることができるとは限らないのです。では，一体どんな力が私たちを運動することへ動機付けてくれるのでしょうか？　数年前に，小学校1年生から高校3年生までの評価と運動への好嫌度の関係について調べる調査を行ったことがあります。これによれば，中学校2年生女子で体育・運動が嫌いといった生徒がぐっと増え，この要因として評価（できる-できない）があげられることが明らかになりました。一方で，評価が低いにもかかわらず，好きと答える群に特徴的なことがわかり

ました。それは，彼らが運動する感覚的なおもしろさに小学校期にふれていたということです。

　これは，本書の考えと一致するところです。子どもたちには，運動の動きの「感じ」のおもしろさに十分ふれさせることが重要であると考えます。子どもたちに求めたいのは，何かが上手にできるというよりも，問題状況を解決しようと取り組んでいる際に，その運動の固有な特性や魅力を十分味わいながら自分たちの身の丈に合った活動に興じるということだと思います。すなわち，探求したいおもしろさを明確にし，それにふれることができる子どもの姿を「求めたい子どもの姿」とするとよいのではないでしょうか？　これは，他の領域で考えても同じです。むしろ，技能が強調されない表現運動では，動きの「感じ」のおもしろさにふれている姿を求めやすく，教師の指導性が発揮されやすいと考えます。

（鈴木直樹）

Answerを聞いて…

　「求めたい子どもの姿」とは，「その運動の動きのおもしろさにふれ，それを探求している姿」であるということを知りました。

　そこで，私は，3年生の表現「○○へお出かけ」という単元で，「なりきって踊る」おもしろさを軸とし，授業を進めてみました。教師の言葉かけやイメージカードを使いながら学習を進めていくと，子どもたちは，まず，感じたままなりきって踊るおもしろさを感じ，自然に友だちと一緒に踊り始めました。そして，役割を決めて対応する動きをしたり，動きを繰り返したりと，友だちと動きを工夫しはじめました。さらに学習が進むと，自分たちのつくった踊りを見てほしい，また友だちの踊りも見てみたい，という思いが現れてきました。そこで，グループ同士で情報交流をさせたところ，自分たちの踊りにこだわりをもって紹介したり，友だちのつくった表現の世界を共有しながら夢中になって踊ったりしていました。このような動きのおもしろさを探求する子どもの姿を見ることができました。今後も，子どもたちが，動きのおもしろさの探求を保障できる授業を目指していきたいと思います。

（徳島・5年目・女）

第3章

「表現運動」の授業実践

実践例の読み方

実践例 1 〔低学年①〕

"ゆうえんちにいこう！――まえのゆうえんち大さくせん
（表現遊び）

> 【単元タイトル】
> 単元名はこの授業で子どもに味わわせたいおもしろさや教師の願いなどを簡潔な言葉で表しています。

1. 探求したい動きのおもしろさ

- 遊園地の乗り物になりきって表現することがおもしろい。
- 自分たちだけの乗り物をつくりだしていくことがおもしろい。
- 友だちとかかわり合う中でいろいろな動きを見つけたり、調子を合わせたりすることがおもしろい。

> この授業を構想するうえでもとにしたことです。本単元で取り上げる動きのおもしろさを<u>子どもの立場に立って</u>とらえました。

2. 動きのおもしろさを「感じる」工夫

①子どもの好きな場所であり、楽しんで活動しやすい題材である「遊園地」を取り上げたことで、子どもが取り組みやすくなるようにした。【材】
②子どもたちの「こんな乗り物があったらいいな」という気持ちを大切にし、「おもしろいと思うよ。やってみよう」などと声かけを行い、具体化させていく。そうすることで、乗り物特有の機械的な動きから一歩発展させることにつながる。【声】【支】
③ペアの班をつくり、「こういうふうに動いたらうまくいくよ」「こうなったらもっと楽しい乗り物になるよ」などと思ったことをお互いにアドバイスをする。そのため、より多くの友だちとかかわり合うことができる。また、かかわり合うことで、子どもがもつイメージがより実現されやすくすることにつながる。【形】【過】

> 子どもが探求したいおもしろさを「感じる」ための具体的な手だてを示しています。

3. 学びでの「気づき」の工夫

①まず、走る、回る、転がる、跳ぶなどの動きを取り上げ、さまざまなリズムや一緒に活動する友だちに合わせて動くことを経験させる。そして次の段階として、その経験をもとに自分たちで考え、やってみる、という段階を踏んだ学習過程を設定する。【過】
②4～5人の班をつくり、班の友だちと協力して遊園地の乗り物の動きを考える。そうすることで、一人では思い浮かばなかった発想も実現されやすくなる。また、友だちとのかかわりの中で新しい発想が生み出されていく。【形】【支】

> 動きのおもしろさで「感じ」たことを「気づき」へと促すための具体的な手だてを示しています。

「2」、「3」の工夫について、どんな観点での工夫であるかについて各文の最後に【　】で示しています。

学習過程の工夫…【過】　　学習形態の工夫…【形】　　学習評価の工夫…【評】
学習材（教材）の工夫…【材】　　教具の工夫…【具】　　教師の支援の工夫…【支】
マネジメントの工夫…【マ】　　教師の声かけの工夫…【声】　　その他…【他】

第3章 「表現運動」の授業実践

4．学びを見取るための視点（評価規準）

	無意識・・・・・・・・・（気づき）・・・・・・・・・意識			
	「気づき」 「感じ」	動きのおもしろさ の気づき	動きの出来事への気づき	動きを工夫するための気づき
易しい （感じ）	知っている，見たこ とのある動きの感じ	これまでの経験か ら考えられる動き の感じで繰り返し 楽しんでいる。	友だちと一緒に動く おもしろさに気づき， 楽しんでいる。	友だちと息を合わ せて動くための工 夫をして楽しんで いる。
	新しい動きが加わり， 変化した動きの感じ	友だちの動きを見 たり試したりする ことで，自分たち の動きを変化させ ることを楽しんで いる。	多様な動きのおもしろ さに気づき，動きをよ り変化させることを楽 しんでいる。	多様な動きのおも しろさにふれるた めに，意図的な工 夫をし，楽しんで いる。
難しい	経験のない，新しい 動きの感じ	これまでに経験し たことのない動き に挑戦することを 楽しんでいる。	新しい動きの感じのお もしろさに気づき，動 きをより変化させるこ とを楽しんでいる。	新しい動きを考え， 友だちと協力して できるようになろ うと工夫している。

教師が子どもの学びを見取っていくための規準を表にしています。この規準を考えることで子どもの学びを見る視点が変わり，働きかけを工夫できます。

矢印は学びの見通しを表しています。

5．単元の流れと実際

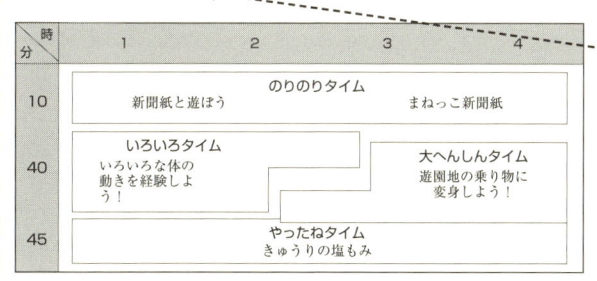

時分	1	2	3	4
10	新聞紙と遊ぼう	のりのりタイム		まねっこ新聞紙
40	いろいろタイム いろいろな体の 動きを経験しよ う！		大へんしんタイム 遊園地の乗り物に 変身しよう！	
45		やったねタイム きゅうりの塩もみ		

単元の流れを大まかに表しています。

6．学びのあしあと

本単元は，次の三つの活動で構成し，子どもたちが楽しんで表現の……（以下略）

子どもの学びのあしあとを，授業中の写真やイラストを交えながら授業者が報告しています。授業者の生の声で子どもたちの様子を伝えられるように書いています。

7．授業を振り返って

遊園地の乗り物は機械的な動きをするものであり，……（以下略）

学びのあしあとを振り返り，子どもの学びを整理することで，授業改善への糸口を模索します。

実践例1 〔低学年①〕

"ゆうえんちにいこう！――まえのゆうえんち大さくせん"
(表現遊び)

1．探求したい動きのおもしろさ

- 遊園地の乗り物になりきって表現することがおもしろい。
- 自分たちだけの乗り物をつくりだしていくことがおもしろい。
- 友だちとかかわり合う中でいろいろな動きを見つけたり，調子を合わせたりすることがおもしろい。

2．動きのおもしろさを「感じる」工夫

①子どもの好きな場所であり，楽しんで活動しやすい題材である「遊園地」を取り上げたことで，子どもが取り組みやすくなるようにした。【材】

②子どもたちの「こんな乗り物があったらいいな」という気持ちを大切にし，「おもしろいと思うよ。やってみよう」などと声かけを行い，具体化させていく。そうすることで，乗り物特有の機械的な動きから一歩発展させることにつながる。【声】【支】

③ペアの班をつくり，「こういうふうに動いたらうまくいくよ」「こうなったらもっと楽しい乗り物になるよ」などと思ったことをお互いにアドバイスをする。そのため，より多くの友だちとかかわり合うことができる。また，かかわり合うことで，子どもがもつイメージがより実現されやすくすることにつながる。【形】【過】

3．学びでの「気づき」の工夫

①まず，走る，回る，転がる，跳ぶなどの動きを取り上げ，さまざまなリズムや一緒に活動する友だちに合わせて動くことを経験させる。そして次の段階として，その経験をもとに自分たちで考え，やってみる，という段階を踏んだ学習過程を設定する。【過】

②4～5人の班をつくり，班の友だちと協力して遊園地の乗り物の動きを考える。そうすることで，一人では思い浮かばなかった発想も実現されやすくなる。また，友だちとのかかわりの中で新しい発想が生み出されていく。【形】【支】

4. 学びを見取るための視点（評価規準）

	「気づき」「感じ」	動きのおもしろさへの気づき	動きの出来事への気づき	動きを工夫するための気づき
易しい	知っている，見たことのある動きの感じ	これまでの経験から考えられる動きの感じで繰り返し楽しんでいる。	友だちと一緒に動くおもしろさに気づき，楽しんでいる。	友だちと息を合わせて動くための工夫をして楽しんでいる。
（感じ）	新しい動きが加わり，変化した動きの感じ	友だちの動きを見たり試したりすることで，自分たちの動きを変化させることを楽しんでいる。	多様な動きのおもしろさに気づき，動きをより変化させることを楽しんでいる。	多様な動きのおもしろさにふれるために，意図的な工夫をし，楽しんでいる。
難しい	経験のない，新しい動きの感じ	これまでに経験したことのない動きに挑戦することを楽しんでいる。	新しい動きの感じのおもしろさに気づき，動きをより変化させることを楽しんでいる。	新しい動きを考え，友だちと協力してできるようになろうと工夫している。

無意識・・・・・・・（気づき）・・・・・・・意識

5. 単元の流れと実際

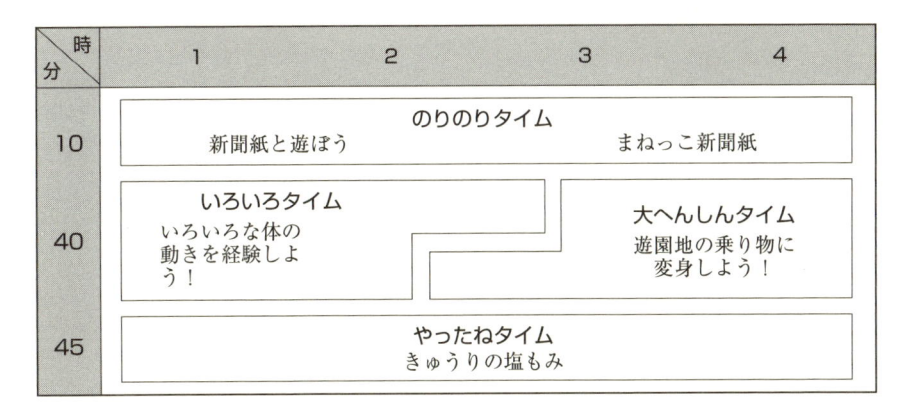

時分	1	2	3	4
10	のりのりタイム			
	新聞紙と遊ぼう		まねっこ新聞紙	
40	いろいろタイム いろいろな体の動きを経験しよう！		大へんしんタイム 遊園地の乗り物に変身しよう！	
45	やったねタイム きゅうりの塩もみ			

6. 学びのあしあと

　本単元は，次の三つの活動で構成し，子どもたちが楽しんで表現の世界に入っていけるような流れを考えた。

●のりのりタイム
　準備体操として，新聞紙を使って遊んだり，教師が見せる新聞紙のまねをしたりす

る。安心して動きのイメージを広げる素地をつくることを目的とした。
● いろいろタイム（1，2時間目），大へんしんタイム（3，4時間目）
　いろいろタイムでは，走る，回るといったような多様な動きを味わう。それぞれの動きのよさを味わうことを目的とした。
　大へんしんタイムでは，いろいろタイムで知った動きを発展させ，自分たちで考えた遊園地の乗り物に変身して，表現遊びを楽しむ。自由にイメージを広げ，動きの違いを楽しむことを目的とした。
● やったねタイム
　整理体操として，友だちとかかわり合いながら，体をほぐす。楽しかったことやよかったことなどを発表し，自分や友だちのよさに気づいたり，認め合ったりすることを目的とした。
　ここでは，学習の中盤にあたる「いろいろタイム」と「大へんしんタイム」での子どもたちの学びの姿を中心にまとめることにする。

〔第1・2時〕　いろいろタイム
　走る，回る，転がる，跳ぶの四つの動きを取り上げ，教師が叩く太鼓のリズムに合わせて（例：「タンタンタン」→歩く，「タタタタタ」→走る，「タンタタンタ」→スキップ）いろいろな動きを楽しんだ。はじめは一人ひとりが個人で活動し，徐々に人数を増やして友だちとかかわりながら取り組むようにした。
　「走る」の活動のときは，人数が増えるにつれて手をつないで走ったり，電車ごっこのように友だちの肩に手をのせて走ったりする姿が多く見られるようになった。
　「回る」の活動では友だちとタイミングを合わせて回るために「せーの」といったかけ声をかける姿も見られた。
　これらの動きは，3，4時間目で行った「大へんしんタイム」での動きにつながっていった。

〔第3・4時〕　大へんしんタイム
　子どもたちに，「ゆうえんちにいこう　まえのゆうえんち大さくせん！」（「まえの」は校名の前野小学校からとった）というテーマを伝え，わくわくした気持ちをもって，乗り物を考えることにした。乗り物を考え，遊ぶグループをつくって活動することにした。このグループは子どもたちが慣れている学級の生活班で行った（1班4〜5人で8班）。さらに，2グループごとにペアを組み，お互いの乗り物を見合い，アドバイスできるようにした。

まず，3時間目の最初に，子どもたちに「遊園地の乗り物で知っているもの，なあに？」と聞くと，たくさんのものが出された。その中で，自分たちがやってみたいものを話し合い，メリーゴーランド，ジェットコースター，バイキング，飛行機，ゴーカート，コーヒーカップの六つの乗り物で活動することになった。
　そして，それぞれの班で乗り物の動きを考え，その動きをペアの班に見てもらい，よかったところや工夫できるところを互いに伝え合うようにした。言葉を使ってうまく表現できない子どももいたが，ジェスチャーや擬音語，擬態語を使って自分なりに伝えようとする姿が見られた。ペアの班や教師からのアドバイスを受け，子どもたちは徐々に自分たちの乗り物をつくろうと意識するようになった。
　以下は飛行機とゴーカートを選んだ班の動きの変容である。
《飛行機》
　飛行機を選んだ班は，はじめは手を広げてぐるぐると回るだけだった。しかし，ペアの班から「飛行機は，最後はゆっくり地面に降りてくるよ」というアドバイスをもらい，一人が回っている途中に合図を出して，最後はしゃがんで止まることになった。他にも，「飛行機だから空から飛んできたらどうかな」という意見も出たが，「遊園地の乗り物だから空から飛んできたら変だよ」という反対意見が出た。遊園地の既存の乗り物のイメージを超えたおもしろさを味わわせるために，「すごいね。よく考えついたね。おもしろそうだからやってみようよ」と伝えた。最終的には，はじめは飛行機がバラバラに空から飛んできて合体し，最後はゆっくり地面に降りて止まる，という動きになっていった。
《ゴーカート》
　ゴーカートを選んだ班（写真次ページ）は，はじめはそれぞれがバラバラに車に変身して走っていた。
　その後，班の中の話し合いで「おもしろい走り方をする車をつくろう」という意見が出た。話し合いの結果，でんぐり返しをしたりスキップをしたりしながら走ることになった。ペアの班からは「いろんな車があっておもしろい」という感想と，「途中で車が合体したらどうかな」という意見が出た。最終的には，いろいろな走り方をする車が一台ずつぶつかって合体し，最後には全員で一つの車になって走っていた。

63

4時間目は,「まえのゆうえんち」のオープンの時間(写真右下)。子どもたちのつくった遊園地の世界にひたるために,「表現する側(遊園地の乗り物)」と「自由に見て回る側(お客さん)」に分けた。そしてそれを途中で交代することで,たくさんの乗り物に乗れるようにした。また,体育館に遊園地の園内図を掲示し,遊園地の楽しい雰囲気をつくった。これは,自分の班の活動場所がわかりやすくなるだけでなく,安全に学習に取り組むためのものでもある。教師は遊園地の従業員役になり,ブザーを使って発車の合図をした。お客さん役の子どもたちは乗りたい乗り物のところに行き,動きをよく見てから,発車の合図で乗り物役の子どもに加わって一緒に活動した。お客さん役の子どもたちは「うまく乗り物に乗れた!」,乗り物役の子どもたちは「お客さんが喜んでくれた!」とうれしそうに話していた。子どもたちの笑顔や笑い声が絶えず,体育館全体が本当の遊園地のようになり,表現遊びの楽しさをより味わうことができた。

　授業の最後の「やったねタイム」では,「今回は遊園地だったから,次は動物園をオープンさせてみたいな」という声が上がり,授業を終えた。

7.授業を振り返って

　遊園地の乗り物は機械的な動きをするものであり,動きが限定されてしまいがちだが,既存のイメージに限定されることなく,自由な発想をさせたいと考えていた。そのため,私自身の声かけが大切であると思い,意識的にアドバイスをしていった結果,子どもたちは自由な発想を生かして,動きを広げていくことができた。

　今回の授業では,班での話し合いや,ペアの班からのアドバイス,そして教師の声かけを受けて徐々に自由な発想が出された。しかし,遊園地というテーマを子どもたちに提示する際に,どのような遊園地をつくるかというイメージをより具体的にもたせていれば,話し合いのはじめの段階から自由な発想が出てきたのではないかと思う。テーマの提示の仕方の重要性を感じた。

表現の学習では，教師もなりきることが大切である。声かけや子どもとの接し方を工夫することで，より子どもたちが表現の世界にひたることができ，意欲的に学習に取り組むことができた。

(笠原いずみ)

(本実践は，筆者の前任校板橋区立前野小学校で行ったものである)

ちょっと一息

模倣の主体性

「ナンバーワンよりオンリーワン」。このようなフレーズとともに，自分らしさを表現することがよいことだと，暗黙的に理解されるようになってきました。裏を返して考えてみると，「他人のまねはよくない」と理解されているわけです。特に表現の授業ならば，「自分」を身体で表現し，個性をいかに引き出すのかがポイントになっているでしょう。そこで，「自分の思ったように身体を動かしてみて」と投げかけてみると，さっきまでイキイキと教師のまねをしていた子どもたちの動きが途端に鈍くなる——このような場面に出あったことはないでしょうか。むしろ，カッコイイ踊りのビデオをまねているほうが，どうしたら同じような動きができるのか，夢中になっていたりします。

よく考えてみれば，我々が何か自分の思いを伝えるときに用いる「言葉」は，自分の思いのまま発せられた音声ではなく，親が話しているのをまねて使ってみてという「模倣」を繰り返し，「日本語」という言葉の型を自分のものにしたときに，その自分の思いを表現できるようになっているのです。

さらに，型を使う身体活動として，日本舞踊を見てみましょう。日本舞踊のその動きはすでにある振付に決められ，振付も師匠の舞をまねることによって伝承されています。そして，型通りに動けるように「模倣」し習得したその人の動きは，その人らしさが宿った，主体的な表現であるように思われます。また，その習得までの「模倣」の過程はまさに主体的な学習ではないでしょうか。

確かに，学校の授業の中で型の中にある個性を磨くのは至難の業です。しかし，日本舞踊も一番初めは先生の「模倣」から始めているのです。ここからヒントをもらって，「模倣」をさせてみることから授業をつくってみるのはどうでしょうか。「模倣」を続ける中から，「私ならこうやって表現するよ！」というオンリーワンな主体性が育っていくのかもしれません。

(酒本絵梨子)

> **実践例2** 〔低学年②〕
>
> # "リズムにのっておどっちゃおう！"
> ## （リズム遊び）

1. 探求したい動きのおもしろさ

- 軽快なリズムの曲に乗って全身を弾ませて踊ったり，思いきり体を動かしたり（リズムをくずす・空間をくずすなど）することがおもしろい。
- 自分の動きや友だちとの動き方を工夫したり，調子を合わせたりして踊ることがおもしろい。

2. 動きのおもしろさを「感じる」工夫

①軽快に弾めるいろいろなリズムの曲を使う。【材】

②リーダーのまねをして一人でリズムに乗ることを楽しんだり，ペアを組んで動き方を工夫して楽しんだり，クラス全員で輪になって一緒に楽しんだりと人数によって楽しみ方が変わることを味わえるようにする。【形】

③活動中にいつでもよい動きは注目させたり，一緒にやってみる活動につなげたりすることで，身に付けさせたい動きにふれることができるようにする。【声】

④まず教師が見本となり，いろいろな動きをリードしながら，まねっこで踊る時間をつくることで，どんな動きをしたら楽しいかを味わったり，動きの種類を増やしたりできるようにする。【支】

3. 学びでの「気づき」の工夫

①活動の途中に，「紹介タイム」や見せ合いの場を設定することで，お互いの動きのよいところや新しい工夫などに気づき，自分の活動にも取り入れることができるようにする。【マ】

②学習後に学習カードに楽しかった動きや動き方を絵や言葉で残したり，活動後の感想を書いたりして活動を振り返らせることで，自分の感じた動きのおもしろさに気づくことができるようにする。【他】

③毎時のまとめに，活動を振り返っておもしろかったことや感じたことを伝える場を

設定することで，お互いの動きのおもしろさに気づくことができるようにする。【マ】
④おもしろかった動きの記述を掲示したり，出てきた動きや動き方を言葉やイラスト・写真などで整理して板書に位置付けたりすることで，いつでも見ながら踊ったり動きの工夫に取り入れたりできるようにする。【具】

4．学びを見取るための視点（評価規準）

	無意識・・・・・・・・・・（気づき）・・・・・・・・・意識				
	「気づき」「感じ」	動きのおもしろさへの気づき	動きの出来事への気づき	動きを工夫するための気づき
違和感	リズムが自分のものにならない感じ	曲のリズムに関係なく，自分の思いつくまま動きを楽しんでいる。	曲のリズムに関係なく，思いきり動くおもしろさに夢中になって踊っている。	曲のリズムに乗ったおもしろさとリズムをくずして踊るおもしろさにふれている。
（感じ）	リズムと自分の動きが，合ってきている感じ	曲のリズムを感じ，まねっこで動きのおもしろさを味わっている。	友だちと踊るおもしろさに気づき，いろいろな動き方を試している。	曲のリズムに乗ったお気に入りの動きに自分なりの工夫を加えて踊るおもしろさにふれている。
一体感	リズムと自分の動きが合っていて，心地よさを感じたり，動きを楽しめたりする感じ	曲のリズムに乗って，自分の動きや友だちとの動き方の工夫をして踊るおもしろさを味わっている。	曲のリズムに合った動きや動き方とリズムをくずした動きや動き方の工夫をして両者を取り入れながら踊るおもしろさにふれている。	お気に入りの曲でリズムに乗ったりくずしたりしながら，自分なりに動きや動き方を工夫して友だちと踊る（踊りあげる）おもしろさにふれている。

5．単元の流れと実際

時	第1時	第2時	第3時
学習活動	≪オリエンテーション≫ 感じる ●円形ふれあいコミュニケーション ●リーダーのまねっこ （教師→子ども）	気づく☆前時の振り返り 感じる ●リーダーのまねっこ （教師→子ども） ●2人組で	気づく☆前時の振り返り 感じる ●お気に入りの曲で （見つけた楽しみ方を生かして）
	気づく　☆紹介タイム（活動の合間に適宜）　　　　☆振り返りタイム		

6．学びのあしあと

〔第1時〕 めあて：リズムにのって楽しくおどろう！
●活動前の約束タイム
　ダンスの時間は友だちと体でたくさん仲良しになる時間。目と耳と口と心をよく働かせながらすることを伝える。
　　目……まわりの友だちの様子をしっかり見よう。「キラキラさんはいるかな？」
　　　　　「危なくないかな？」「嫌がってないかな？」
　　耳……先生や友だちの合図やお話をしっかり聞こう。「今，何する時かな？」
　　口……紹介で気持ちや動きをたくさん伝えよう
　　心……いっぱい心を動かそう。「今，どんな気持ち？」「お友だちは？」
　　　　　「一人ぼっちはいないかな？」
●円形ふれあいコミュニケーション
　友だちと手を取り合って一つの大きな円になって，ゆらゆら揺れたりぴょんぴょん弾んだりして，みんなで一つの動きをする一体感や心地よさを味わった。はじめのうちは，とにかく自分の好きなように弾むのを楽しんでいた子どもも，だんだんと音楽に合わせてリズムのテンポを感じながら，弾むようになった。教師やまわりの友だちの動きに同調して自然とそのリズムをつかんだ感じであった。
●リーダーのまねっこ（教師リード）
　教師がまずはリーダーとなり，「先生のまねっこできるかな？」と投げかけ，子どもたちの前でいろいろな動きをしながらリードして踊った。子どもたちは教師の動きを目で追いながら，まねっこをして踊った。その場で音楽に合わせスキップをしたりおしりを振ったり手を動かしたり足を上げたりと，いろいろな体の部位をしっかり動かし，全身で弾んで踊ることができるようにリードした。途中，場所を移動しながら動いたりリズムをくずしてスピードを上げたり，ストップを入れるなど，リズムの変化も加えたりしながら踊った。
●リーダーのまねっこ（子どもがリーダー）
　ノリノリで弾めるようになってくると，教師のリードした動きよりもさらに大きく動いてみたり，新しい動きを少し加えて自分の動きやすい踊り方にして楽しんだりす

る姿が見えてくる。そこで，「○○ちゃんいいねえ。ちょっと，みんな，今度は○○ちゃんのまねっこ！」と呼びかける。ほめてもらっての指名なので，はにかみながらもしっかり動きをリードしてくれる。みんなもそれに乗って一緒に踊る。すると，さらに私もぼくもこんなことできるよと言わんばかりに，動きに変化を入れてくる子どもたちが。そこでさらに「次のリーダーしたい人?!」「はい！」「はい！」と。このように，どんどんいろんな子どもたちの動きでリーダーのまねっこが続いていった。

● 紹介タイム

2曲続けて踊り終わった後，楽しかったことやできたことを紹介させた。「おしりふりふりがおもしろかった」「○○ちゃんの手をグルグルするのが楽しかった」などと，実際にした動きをやって見せながら，みんなの前で紹介。それぞれの動きの心地よい感じをつかんだようだった。

● 振り返りタイム

おもしろかった動きや心の動きを学習カードに記入させた。出てきた動きは毎時，学習カードにためたり紹介コーナーに掲示したりして，動きの宝箱を作っていった。

〔第2時〕　めあて：友だちと動きを工夫して踊ろう！

前時の話題を投げかけ，リズムに乗って踊ったことがおもしろかったことや楽しかった動きを振り返った。「もっと楽しくするには？」の投げかけに，「友だちとも一緒に踊ったら楽しそう」「もっと動きの工夫ができそう」などの意見が出た。そこで，本時のめあてが決まった。

まずは，前時と同じような流れで始める。円形ふれあいコミュニケーションでは，ひざ打ちをしながらリズムをとったり隣の人の背中をポンポンと叩いたりしてリズムに乗ってみんなで動く感じを楽しんだ。その後，リーダーのまねっこを行い，教師だけでなく子どもたちからも新しい動きが即興で出される中で，曲を替えながら踊った。

● 2人組で踊ろう

途中から，また教師のリードに戻し，2人組の動きへと導く。「近くの人と2人組になって手をつないでスキップ」と投げかけ，リズムに乗りながらペアをつくらせる。全員がペアになれているかを確認してから，「両手をつないで弾んで」「右手をつないでくるくる回るよ」「向かい合って手を振るよ」などと動きの提示をしなが

ら2人での動き方の楽しみ方を伝え，きっかけをつくった。はじめのうちはこちらの提示した動き方を繰り返す姿が多く見られたが，「リーダーのまねっこのように，2人でもまねっこし合って踊ったりできるね」と投げかけると，足を上げたり，おしりを振ったりなど，みんなでやった動きを思い出して向かい合って踊り始めた。思い思いに手をつないで動いたり，リードしてまねて動いたりを繰り返し楽しむことができた。

〈第3時〉 めあて：お気に入りの踊り方をもっと工夫して楽しく踊ろう！

　第1・2時の活動を通していろいろな曲に合わせて自分の動きや友だちとの動き方を工夫して踊るとおもしろいという感じを味わった。ダンスの授業は今日で最後になることを伝えると，もっと楽しむために，さらにいろいろな動きの工夫をして踊りたいという思いが出たことから，本時のめあてにつなげた。

　「今までにやった楽しかった踊り方やお気に入りの曲で踊ろうね！」と投げかけると，「○○の曲がいい。次は△△の曲で…」とリクエストが出た。子どもたちのリクエスト曲順で音楽を流すと，まずはその場で，それぞれノリノリでリズムに乗り始め，自由に体を動かし，思い思いの動きを楽しんでいた。「○○ちゃんのまねっこいく？」と呼びかけると，みんなが一緒に踊り始める。次々とリーダーを交代しながらお気に入りの動きを楽しんだ。「2人組もいっちゃう？」の合図で近くの友だちと手を取り合って弾み，踊り始める。くるくる回ったり，手をたたき合ったり，おしりをくっつけて動いたり。そのうち，あるペアが違うペアと一緒に動き始めた。するとだんだんと2人組の輪がくっつきながら大きくなって円になり，手をつないで円形ふれあいコミュニケーションのように左右にスキップで行ったり来たりしはじめた。

● オリジナルダンスの出来上がり

　お互いの顔が見える状態で，「また，まねっこいく？」と呼びかけると，「はい！」「はい！」とリーダーが手を上げ，踊りだす。足を高く上げ，足の下で手叩きをしたり，寝転がってリズムに合わせて足を天井にぴょんぴょん突き上げたり…。いつの間にかクラスみんなでいろいろな動きを円になって表現していた。曲が終わりにさしかかると，自然と中心にみんなリズムに乗りながら集まっていき，最後，決めのポーズで終わった。これまでのお気に入りの動きをどんどん出し合って踊るうち，いつの間にかクラスの踊りが出来上がっていた。子どもたちはとても満足そうに，「すごいね。みんなで踊ったよ。最後，おもしろかった」と。一人ひとりが楽しむ動きから，みんなでの踊りの一体感まで，リズム遊びの魅力をしっかりと味わうことができたようであった。

7．授業を振り返って

　今回の実践は，表現遊びと関連をもたせながら活動を組むこともできるなか，あえてリズム遊びのみで行った。中学年のリズムダンスにふれる前段階としてシンプルにリズムに乗って全身を弾ませて踊るワクワク感や友だちとの一体感を味わい，また踊りたい，もっと踊りたいという思いをもってほしいという思いから行った。

☆まねっこから自分の楽しみ方へ

　好きな子も苦手な子もみんなが楽しさを味わえることを大切にしたかったため，まねっこ（習得）から自分の楽しみ方（活用）へと内容を組んだ。どのように動いたらよいかわからず不安がっていた子どもも，まねというところでスムーズに活動に入れ，友だちとの動きの中でさらに安心感を感じ，踊ることへの抵抗感がなくなって楽しめたようだった。

☆授業以外の場で

　リズム遊びの授業をきっかけに，朝の会や学級の時間など違う場面で踊りたいという思いがたくさん出るようになった。音楽の時間にも歌を歌いながら，友だちと一緒に手を取り合って踊る姿も見られるようになった。子どもたちにとっておもしろかった経験がつながる。心と体をしっかり動かし感じたおもしろさは，その先の学習や生活の中にも生きていくと感じている。

（畝木真由美）

（本実践は，筆者の前任校赤磐市立山陽小学校で行ったものである）

実践例3 〔中学年①〕

"ジャングル探検"
（表現）

1．探求したい動きのおもしろさ

- 表したいイメージの特徴をとらえ，友だちとかかわり合いながら思いつくまま踊ったり，工夫を加えて踊ったりすることがおもしろい。
- まねし合って動きを広げたり，非日常の動きにも挑戦してみたりすることがおもしろい。

2．動きのおもしろさを「感じる」工夫

①子どもたちは空想の世界で遊ぶことが簡単にできる。ジャングルでどんな出来事に遭遇するのか，わくわくすることであろう。まずは，どんな出来事が起こるのか，たくさん考えを出し合って"わくわく感"を高める。【過】

②ジャングルでの出来事をイメージカードに描き，カードを床に裏返しにして置く。カードを次々にめくるとジャングルでの出来事が絵で描かれているので動きの手助けになる。感じたままに「即興」で踊る楽しさを授業のはじめの段階で体験させるとよいだろう。二人組でカードめくりをして動きをまねし合えば，友だちと一緒ということで安心したり，動きのバリエーションを増やしたりすることができるのでおもしろい。【具】【形】

③グループで気に入った出来事を一つ選び，「ひと流れ」で踊ってみる。グループになると話をどんどんふくらませがちになるが，長く踊らず30秒から長くても1分程度で踊る。グループになると，一人で踊るときとは違った「群」の工夫を取り入れられるのがおもしろい。【形】

3．学びでの「気づき」の工夫

①まずは感じたままに自分なりに動いてみることが大切だが，慣れていない子どもは棒立ちになることもある。楽しさを共感するための始めの一歩は「先生と一緒」に動いてみること。まずは体を動かすことの楽しさがわかる。次に，なりきって動い

ている子どもやよい動きを見つけたらほめる。ほめられることで何がよい動きなのかがわかってくる。【支】

②教え込むことは簡単だが,「気づき」は学ぶ者の主体性がより問われてくる。つまり,「感じる」ことが大切になってくる。「見せ合う活動」を毎時間取り入れて互いの良さを認め合うなかでイメージをより深めさせる。1)全体を二つに分けて,右半分左半分と発表し合うかたちは,優れたグループや友だちの動きを探すのに役立つ。2)一つずつ順番に発表するかたちは,全体をまんべんなく見られて気づきに役立つが,時間がかかるため単元の最後に行う。3)兄弟班で毎回見合うというかたちは,お互いの進歩もよくわかり,見る対象がはっきりしているので,集中することができる。【形】

③気づきを表現するという点で,発表し合った後に意見を出し合うことは効果がある。しかし,見ている途中で「本当に○○しているみたい」「動きに迫力がある」などの言葉が聞かれたら,踊っている人への応援にもなるであろう。子どもたちは,教師がよく使う言葉を参考にしている。【過】

4．学びを見取るための視点（評価規準）

	「気づき」「感じ」	動きのおもしろさへの気づき	動きの出来事への気づき	動きを工夫するための気づき
	無意識・・・・・・・・・・・（気づき）・・・・・・・・・・・意識			
違和感	探検のイメージがつかめず自分の役割や動きがわからない感じ	どのように動いたらよいかわからないが,教師や友だちの動きをまねる。	カードの絵を手がかりに即興で動くことを楽しんでいる。	強調するためには,繰り返して動く効果のおもしろさにふれている。
（感じ）	題材の特徴がわかり自分なりの動きを気持ちよく表現できる感じ	特徴を表した動きを繰り返し楽しんでいる。	友だちと一緒に動く楽しさに気づき,ひと流れの動きを見つけようとしている。	動きをそろえたり場の工夫をしたりしておもしろさにふれている。
一体感	友だちの動きとの違いのよさや,一緒に踊る群の動きの気持ちよさが楽しめる感じ	題材への想像をふくらませ,友だちとかかわって動くおもしろさを味わっている。	表したいイメージに合った動きができ,友だちと話し合って気持ちを合わせて動くことを楽しんでいる。	表したい感じを中心に「はじめとおわり」をつけて簡単な作品にしてつくり上げ,動くことを楽しんでいる。

5．単元の流れと実際

時	学習内容		学習の様子
1	リズムから動きのおもしろさを感じ、友だちと楽しむ	ジャングル探検ではどんな出来事があるか	イメージカードで即興表現	・考えを出し合う ・先生と一緒に動こう ・イメージカードで即興表現を楽しむ
2		中心になる動きをつくり上げる	中心の動きに工夫を加える	・題材にふさわしい動きを持ち寄る ・見つけた動きを発表し合う ・リズムや場所の変化、群の効果的な使い方を知り、取り入れる
3		中心になる動きに「はじめ」と「おわり」を付け足して、簡単な作品を完成させる。発表会をする		・ジャングルにはどんな乗り物を使って行くのか ・最後はどうなるのか ・発表会を楽しむ

6．学びのあしあと

〔第1時〕ジャングル探検に出かけよう

〈導入〉先生と一緒に動こう

指の先まで伸ばして大きく

カード例

T「今日はジャングル探検に出かけます。ジャングルではどんな出来事にぶつかるでしょうか。ジャングルの大きな木を先生と一緒に表現してみましょう。大きな木がたくさんあるね」

T「いろいろな出来事をカードにするのでたくさんイメージしましょう」

C
・大蛇やたくさんの動物がいる
・川や滝があってなかなか渡れない
・洞窟には宝物が隠されている

第3章 「表現運動」の授業実践

即興で動く	T「カードの絵を参考に，即興で表現しましょう。1回だけでなく3回ぐらい繰り返しましょう」

　はじめにジャングル探検のイメージをもたせ，楽しそうだという気持ちをふくらませた。教師と一緒に動くことで安心感をもったり，ここまで大きく動くのだという体の使い方を覚えたりする。カードをめくっての即興では，思いっきり自分で考えた動きを楽しんだ。

〔第2時〕　中心になる動き

嵐に飛ばされそう！	T「ジャングル探検の中心になる動きをつくろう。グループで考えや動きを持ち寄ってね」 C ・嵐が吹いてきて飛ばされそう 　嵐の激しい感じ
ジャングルの動物たち	・ジャングルのいろいろな動物 　口を大きく開けたワニ 　空を飛ぶ大きな鳥 　木の上で獲物を狙う大蛇 ・獲物と戦う探検隊 　群と群の動き
群の動きを工夫して	T「探検隊はどんな武器で狙っているのかな。動物も自分たちのすみかを守ろうと必死だよ」 C ・体を大きく使って動物の強さを表したい ・探検隊と動物の対立している感じ

　中心になる動きは，たくさんのイメージの中から気に入った題材を選び，場の使い方の変化やリズムの変化，群の効果的な使い方を発見した。グループの題材に合った工夫が見られた。

75

〔第3時〕 ひと流れの動き

中心になる宝物発見の驚き

「宝物発見」におわりの部分「酒盛り」をつなげる

T「前の時間につくった中心の動きにはじめとおわりをつけて，簡単な作品にしましょう」
「はじめ」の例
・どんな乗り物でジャングルへ行ったのか
C
・ボートで
・飛行機で
・空飛ぶじゅうたんで

「おわり」の例
・嵐で飛ばされ助けを求める
・宝を発見して酒盛りをする
・巨大なクモの巣にかかったチョウチョが仲間に助けられる
・風に飛ばされ，鳥の背中に乗って帰る

T「(はじめ)(なか)(おわり)の簡単な作品を発表し合いましょう」

○作品を見るときの観点
・題材の特徴をとらえているか
・自分の体を大きく使えているか
・場を広く使えているか
・題材に合った工夫がされているか
・友だちと協力し合っているか

○発表の仕方
・はじめやおわりのあいさつ
・見てほしいところ工夫したところを話す
・用意の後ピタッと5秒待ってからスタートする
・終わった後，5秒間動かない

- 手足で床などを打つ効果音や擬音語や擬態語などを効果的に使う
- 終わった後、感想を求める

T「今日特によかったのは○グループです。○○の特徴がよく表現でき、気持ちを合わせて楽しそうに踊れました」

大きなクモの巣にかかってしまった。
もがくほど絡まるが、仲間に助け出される。

> 簡単な作品づくりについては、長くならないように指導した。子どもたちはお話をどんどんつなげて楽しむため、特徴をとらえられなくなるからである。中心の部分「中」の動きを工夫して楽しむことができた。

7．授業を振り返って

　授業が成功するための要素に、題材がもつおもしろさがある。"探検"ものは、ワクワクドキドキしてイメージをふくらませやすいため、子どもたちにとっては楽しく学べる題材である。"ジャングル探検"という大きな題材の中には、たくさんの出来事がある。そんな中で「ジャングルで宝物発見」などのように内容がわかりやすい題を付けると、グループの学習の中心がよりいっそうはっきりした。どのように題を付けるかで、中心がわかるということである。

〈発展〉

　ジャングル探検を全員で学んだ後、1時間、「発展」の時間をとって、グループごとにもっと違った"探検"ものを学習したらおもしろいであろう。グループで題を決めてもよいし、踊りたい題でグループを決めてもよい。海底探検、宇宙探検、学校探検など全く質感の違う表現を楽しみ合うことができる。宇宙探検では無重力の様子、海底探検では海底火山や生物などの様子など、いくらかの知識はもっているにせよ未知の世界であり、どの部分を切り取って表現してもおもしろい表現になることであろう。

(山下昌江)

> **実践例4** 〔中学年②〕

"アートでダンス"
（表現）

1．探求したい動きのおもしろさ

- 描かれた世界を感じたままに踊ることがおもしろい。
- 空想の世界を広げ，友だちと踊ることがおもしろい。

2．動きのおもしろさを「感じる」工夫

①さまざまな「絵（絵画）」と出あえるようにする。抽象画，風景画，人物像など数多くの世界をイメージ化できるようにすることで，「こうあるべき」という動きに縛られないでさまざまな世界に飛び込む楽しさを味わえる。【材】

②たくさんの「絵」の世界にふれた後は，一枚の絵の世界をじっくり踊るようにする。【過】

③個人の即興表現から始め，グループでひと流れの動きを考え，群で踊る楽しさを味わえるようにしていく。【過】

④他教科と関連性をもたせる。図工の鑑賞授業，音楽の創作授業と連動することで，より「絵」のもつ世界観を広げる楽しさを味わう。【他】

3．学びでの「気づき」の工夫

①何度もペアやグループを替え，多くの友だちと一緒に踊る機会をつくることで動きの多様さを経験し，「踊ることに正解はない」ことを引き出す。【形】

②「より伝わる表現」になっているのか，指先までこだわる動き，顔の表情が意識できたかどうかを投げかける。【声・支】

③動きを見合い，感じた共感や違和感を話し合うことで「気づき」を促す。【マ】

4．学びを見取るための視点（評価規準）

		「気づき」動きのおもしろさへの気づき	動きの出来事への気づき	動きを工夫するための気づき
	無意識・・・・・・・・・（気づき）・・・・・・・・・意識			
	「感じ」			
違和感	身体が固まっている感じ	自由に動けないが教師や友だちの動きをまねして動くことを楽しんでいる。	友だちの動きをまねするなかで今まで経験したことのない身体の使い方や動きをやってみようとしている。	「らしく」見える動きの方法を知り、大げさに動くことのおもしろさにふれている。
（感じ）	身体が思いどおりに動く感じ	自分の表したい様子や絵から受けた印象をもとに動くことを楽しんでいる。	友だちの動きに呼応して動いたり、役割を決めて動いたりしようとしている。	より「○○みたい」に見えるように友だちとお互いの動きを呼応させて動くおもしろさにふれている。
一体感	身体が自由に動き出す感じ	絵の中の世界を想像し、場面や人物の心情を思い描きながら動くことを楽しんでいる。	表したい世界にもっとしっくりくる動きはないか試そうとしたり、友だちと一体となって動こうとしたりしている。	友だちと表したい世界を共有し、一人ひとりの動きを連動させて動くおもしろさにふれている。

5．単元の流れと実際

時分	1	2	3	
	アートかるたで踊ってみよう	絵画「もくもく」を題材に踊ってみよう	絵画「鬼と遊ぶ」を題材にグループで踊ろう	
15 30 45	かるたをめくって即興表現してみよう（一人で） 友だちと一緒に即興表現してみよう（3人組で）	いろいろな「もくもく」で踊ろう	友だちと一緒に「もくもく」で踊ろう （他教科との連携）※1	グループで「鬼と遊ぶ」を題材に動きをつくろう （他教科との連携）※2	グループでつくった動きをお互いに見合おう

※1　絵「もくもく」をつかって音楽の創作活動を行った。グループごとにリコーダーや打楽器を使って絵から浮かんだ音づくりをした。
※2　絵「鬼と遊ぶ」は図工で鑑賞の授業を行った。近代美術館へ行って本物の絵を観て感じた世界、動きについて話し合った。

6．学びのあしあと

〔前年度までの学習〕 表現って何だ？——表現の"ルール"を学ぶ

　このクラスは３年生からの持ち上がりである。前年度の学習経験があったから「いきなり踊る」ことができる心と体が育っていた。前年度では「ミラーマン」（鏡になって友だちの動きをまねする）や「バトル」（友だちとスローモーションで殴り合うまねをする），「ジャングル探検」（３人組でかるたをめくってハプニングを演じる）などの題材を経験してきた。そのなかで，①大げさに大きくゆっくり動くこと，②始めと終わりは静止すること，③友だちと接触しないことを学習してきている。

　意図的にペアやグループを何度も交替させ，さまざまな友だちと踊る機会を多くした。また，一つの動きを練ることよりたくさんの動きを経験することを優先し，「失敗」と感じないような雰囲気を大切にした。

〔第１・２時〕 感じたままに動いてみよう！——即興で動く身体

　「アートかるた」を伏せて体育館のフロアに散らばらせ，次々にめくって即興表現していく。使った題材は近代美術館所蔵作品のポストカードである。抽象的な絵画から人物の絵などさまざまな場面が描かれている。めくって瞬間的に感じたままに踊り出す。なかにはどう動いたらいいのかわからない子もいる。ポーズだけでも認める声かけをしながら，とにかく何度も繰り返す。20秒ごとにタンバリンを鳴らして次の絵に移動するように促す。その動きでよかったかなどは問いかけず，次から次へ踊っていく。大きな動きや細かいところまでこだわった動きを見せる子どもたちに賞賛の声かけをしてどんどんその気にさせていく。回数をこなしていくうちに次第に楽しく大げさに踊れる子が増えていった。

　選んだ絵は「風に揺れるカーテン」や「陽だまりのネコ」，なかには「なにこれ？」と言いたくなるような作品もある。それでいいのかわからないけれど，と

にかく動いてみる，という経験は大切だったと思う。だんだん友だちと対応する動きをする様子や，「見て！　見て！」とアピールする子が増えていった。

〔第3～6時〕　友だちと動いてみよう！──対応して動く身体

　題材を渡辺豊重さんの作品「もくもく」に絞って踊ることにした。このシリーズは鮮やかな色彩とシンプルなシルエットで描かれている。もくもくした感じや尖った感じなど抽象的だが「感じ」をとらえやすいのが特徴である。

　はじめのうちは，かるたのようにめくってたくさんの作品にふれるようにした。すると複数の子が集まって動き出す様子が見られるようになった。

　そこで，一つの絵を選んで8人グループでひと流れの動きをつくることにした。絵の中の世界を分担し，群で動こうとする様子が見られた。何が描かれているのかよくわからない絵だからこそ，具体のロールプレイにならずに「正解のない動き」を引き出すことができるようになっていったのだと思う。

　グループで考えた動きは何度か繰り返すうちに"作品"となっていった。8人がお互いに動きを感じ合い，まとまっていく。その動きを見た友だちは「○○な感じが伝わってきた」とか「あの表情が絵に似合わない」など共感や違和感を口にするようになっていった。

〔第7～10時〕　世界に入り込んで「動こう！」──練り上げて動く身体

　学校の近所にある近代美術館で「鬼と遊ぶ」という作品の展覧会が行われていた。「もくもく」の作者渡辺豊重さんの作品と知り，なんとなく観に行った。そして，直感で「踊ってみたい」と思った。「子どもたちはこの絵と出あったらどんなふうに踊るのだろう」と考えるとワクワクしてきた。

　後日クラス全員で絵の鑑賞に行った。本物の絵を前に子どもたちは圧倒され，鬼の世界に入り込んでいった。絵を見ながらシルエットだけの鬼の感情や動きを想像していた。そして，美術館から帰ってきて，踊りたい絵を4枚選び，グループに分けた。友だちと絵の背景や鬼の設定などを話し合いながら動きをつくっていった。「鬼」というのは存在自体が想像であり，動きをイメージしやすい。その奥

にある感情も思い描くことができる。指先や顔の表情，全身の立ち姿などまるで自分が鬼になったかのように踊る子が増えていった。

何度も動いてみてはグループで相談し，「その動きいいね」や「ちょっとイメージと違う」といった声が出るようになり，最後は全員の納得のゆく"作品"が出来上がった。

ここまでくると，「見てほしい」という気持ちまで高まっている。「恥ずかしい」という声は全くなく，人前であることも気にせず本気で踊る姿が見られるようになった。

「表現をするといつもの私と違う別の私になれる」と感想に書く子がいた。競わない自由な表現運動の魅力をあらためて感じた実践だった。

7．授業を振り返って

当初「アートで踊る」のは難しいのではないか，と考えていた。具体が描かれている絵は「止まっている」から。抽象的な絵は「意味がわからない」から。しかし，実際に絵画をカルタにしてみると，思いがけない動きを見ることができた。子どもたちは自分のこれまでの経験の中からイメージして場面を思い浮かべ，動き出したのである。それは同じ絵を見ても人それぞれであった。

具体的な絵で踊るときはその前後の場面を想像し，動きを考える。つまり，時間のずれをつくりだしていく。個々それぞれでおもしろい。また，抽象的な絵で踊るときはその世界そのものをつくりだしていて，子どもたちの発想を生かすことができた。

数多くある絵画の中で題材として取捨選択していくならば，逆に動きが容易に思い浮かんでしまうものを避けたほうがよいだろう。動きの模倣になってしまいがちだからだ。「空想の世界」や「感じ」を表すならば一瞬とまどうぐらいの絵のほうがむしろ豊かな動きが引き出せる。

子どもたちは何度かの経験を重ねるうちに「動きに正解はない」ことに気づき，どんどん発想をふくらませていった。そして「正解はない」ものの，グループでの話し合いでは「ちょっとその動きは違うなあ」と，感じと動きのズレに気づき，お互いの感じている違和感をぶつけ合うこともできるようになっていった。

表現で"作品"をつくると，つい「見合い」や「発表」をさせたくなってしまう。しかし，友だちの前でいざ披露してみると，即興や練習のときのよさが出ないことが

多くある。せっかく「世界」に没頭し，身体が思うように動くようになってきたところなのに他人の視線を浴びると心も体も固まってしまうのである。今回の実践を通して感じたことは，「発表を焦らない」ことである。経験を積み重ね，子どもたちが自然に「見てほしい」と思える段階まで待つことである。感じたままに動く身体になっていった子どもたちは教師の予想を超えた表現をしばしば見せてくれるのである。

(赤坂　桂)

(本実践は，筆者の前任校横浜国立大学教育人間科学部附属鎌倉小学校で行ったものである。)

ちょっと一息

運動会の表現運動

　運動会の表現運動には，民踊からヒップホップまでさまざまな曲が取り上げられています。しかし，どれも踊り方が決まっていて，定形のダンスになっています。学習指導要領でリズムダンスは，「軽快なロックやサンバなどのリズムに乗って全身で弾んで踊ったり，友だちと自由にかかわり合ったりして楽しく踊ることができるようにする」と表記されています。「子どもたちが自由に身体で表現する活動を通して運動会の演技を構成していけないか」という発想から，運動会前に「ダンス大会」を企画し，運動会のプログラム1番で「全校ダンス」をしました。

　「ダンス大会」は，ノリのよい課題曲を選び，クラスごとにダンスを考え練習します。このときに，ノリを楽しむことを共通理解し，友だちと自由にかかわり合って踊る部分を入れるようにしました。どのクラスでも，朝の会や帰りの会の時間にダンスの時間を設けて自主的に練習しました。大会では実行委員の子たちが「ノリノリだったで賞」などの賞状を用意し，各クラスに授与しました。

　運動会では，曲が流れると自分たちのクラスで考えたダンスを踊りました。一見ばらばらで統制感がないと感じますが，子どもたち一人ひとりはリズムに乗ってよく弾んでいます。また，友だちと二人組や三人組でかかわり合いながら楽しく踊る姿もたくさん現れました。ダンスが好きな子が増えるとともに，私たちが考えたダンスというこだわりやクラスの団結も生まれてきました。定形のそろったダンスは，見る人を魅了するかもしれません。しかし，心と体が弾むリズムダンスは，先生が一生懸命踊り方を指導するダンスではないような気がします。「ダンス大会」は大変盛り上がりますが，大会をしなくてもできると考えています。

(濱田敦志)

> **実践例5** 〔中学年③〕
>
> ## "おへそでノリノリ レッツダンス！"
> （リズムダンス）

1．探求したい動きのおもしろさ

　リズムダンスの学習では，ルールや勝敗などに縛られることなく，子どもたち一人ひとりが個性を発揮しながら自由に力いっぱい運動することができる。リズムダンスの動きのおもしろさを「感じ」ながら，リズムダンスがよりおもしろくなっていく動きのポイントに「気づく」ことができるようにしていきたい。

- ロックやサンバの曲のリズムに乗って，おへそを中心に全身で踊る感じがおもしろい。
- 同じ調子だけではなく，変化をつけて踊る感じがおもしろい。
- 友だちとかかわり合って踊る一体感がおもしろい。

2．動きのおもしろさを「感じる」工夫

①おへそを中心に全身で踊る感じのおもしろさをつかみやすいように，みんなで一緒に床に座った状態でおへそを意識させながらリズムに乗る活動から入り，その後に立ち上がってリズムに乗る活動に移るようにする。【形】
②同じ調子だけでなく，変化をつけて踊るおもしろさをつかみやすいように，素早い動き，ねじったり回ったり，ポーズを連続したりなど，変化のある動きの例をあげ，いくつかみんなでやってみる。【過】
③友だちとかかわり合って踊る一体感のおもしろさをつかみやすいように，向かい合って踊る，列になって踊る，離れる近づく，対照的なポーズの連続など，かかわり合って踊る動きの例をいくつかみんなでやってみる。【過】

3．学びでの「気づき」の工夫

①おへそでリズムに乗る感じや，ロックとサンバのリズムの特徴の違いをおへそで感じ取って気づくことができるように，リズムに乗って踊っている最中に，おへそに手を当てさせる。【支】

②同じ調子で踊る活動と変化をつけて踊る活動を意図的に取り入れ，違いを比較させることにより，変化をつけて踊るおもしろさに気づくことができるようにする。【形】
③友だちとかかわり合って一緒に踊った活動の後に，どんな感じがしたかを言葉で表現し合わせることにより，一体感やノンバーバルコミュニケーションのおもしろさに気づくことができるようにする。【過】

4．学びを見取るための視点（評価規準）

		無意識・・・・・・・・・・（気づき）・・・・・・・・・・意識		
	「気づき」「感じ」	動きのおもしろさへの気づき	動きの出来事への気づき	動きを工夫するための気づき
違和感	リズムが自分のものにならない感じ	リズムの特徴に関係なく，自分の動きを楽しんでいる。	曲のリズムに関係なく，友だちと一緒に動くことを楽しんでいる。	曲のリズムに関係なく，友だちと動きを工夫して楽しんでいる。
(感じ)	リズムが自分の動きに合ってきている感じ	リズムの特徴に合った動きで楽しんでいる。	曲のリズムに合わせて友だちと一緒に動く楽しさに気づき，新しい動きを見つけようとしている。	曲のリズムの特徴に合った動きで踊る楽しさに気づき，友だちと動きを工夫している。
一体感	リズムが自分の動きに合っていて，心地よさを感じたり，動きを楽しめたりする感じ	リズムの特徴に合った動きと変化のある動きを組み合わせて踊って楽しんでいる。	リズムの特徴に合った動きと変化のある動きを組み合わせながら，友だちと一緒に踊ることを楽しんでいる。	リズムの特徴に合った動きを取り入れたり，変化のつけ方や友だちとのかかわり方を工夫したりしながら踊ることを楽しんでいる。

5．単元の流れと実際

	1	2	3	4	5	6
	軽快なロック		陽気なサンバ		ビートの強いロック	【ダンス交流会】学習したロックやサンバのリズムでダンス交流会をする。
	【やってみる】	リズムの特徴をとらえて，2～3曲をみんなで即興的に踊る。				
	【ひろげる】		1曲選んで，リズムの特徴に合った乗り方に変化をつけて友だちと一緒に自由に踊る。			

6．学びのあしあと

〔第1時〕導入

◆我を忘れて夢中になる感覚が恥ずかしさを忘れさせる

　授業の導入では，心身を解放させて，力いっぱい自分を出し切れる状態にしていくことが大切である。導入で大事なことは「ダイナミックに動く」ということ。「我を忘れて動く状態」を仕組むことがポイントである。

　まず始めに，「その場で思いきり走っていて，ピタッと止まれる？」と言いながら教師自身がやってみせると，子どもたちはすぐに真似をしてやってみていた。「走る‐止まる」のその場バージョンである。シンプルな活動だが，いろいろに発展させていくことができる。活動の要領がわかってきたらタンバリンの「シャリシャリ～」で動き，「パンッ！」でピタッ！と止まる。さらに慣れてきたら，「頭の高さを変えたり，片足を上げたり，体をねじったりして，いろいろな形になれるかな？」などと言いながら瞬時に形を変える奇妙な彫刻のようになっていく。おもしろいポーズの子どもをどんどんほめながら回数を重ねていくと，「何でもあり」なことがわかってきて，個性的なポーズが増えていった。

　その場での活動に慣れてきたら，今度は，「人の後をついて行かずに，空いている空間を見つけて走るよ！」とタンバリンを鳴らしながら，子どもと一緒に走る。そして，体育館を自由に移動しながら「走る‐止まる」を繰り返す。最後のほうでは「走る‐跳ぶ‐転がる‐止まる」などダイナミックな動きも入れていった。子どもたちは次第に息を弾ませながら，このシンプルな活動をおもしろがってやっていた。この我を忘れて夢中になる感じが心と体を芯からほぐすのである。

〔第1時，第2時〕

◆ロックのリズムへの乗りは，おへそを弾ませることから

　第1時，第2時は「軽快なロックのリズム」である。みんなでやってみる1曲目「エ

第3章 「表現運動」の授業実践

プリバディ・ジャム」では，おへそを中心に全身で踊る感じのおもしろさをつかみやすいように，床に座った状態でおへそを意識させながらリズムに乗る活動から入った。その後，立ち上がってリズムに乗る活動に移るようにした。子どもたちは座ったまま，教師の動きをまねしながら，「ウン・タ，ウン・タ」の後打ちのリズムで手拍子をしたり，体をねじったりしてリズムに乗り始めた。「おへそもリズムに乗るよ。おへそもリズムに乗っている人は，全身でリズムに乗れるよ」と投げかけると，おへそを意識しながらリズムに乗る子どもが増えてきた。ところがその一方で，それがどういうことなのかピンときていない子どもも6〜7人いたため，「おへそのところに手を当ててごらん。おへそもリズムに乗って動いているかな？」と投げかけると，おへそを意識しやすくなったようで，それまでリズムに乗りきれなかった子どもが少しずつ乗れるようになっていった。

　座った状態で「おへそもリズムに乗る」コツに気づけたところで，立ち上がってリズムに乗って踊るようにした。「スキップでリズムに乗るよ。もっと弾んでごらん。立ち上がっても，おへそも踊っているかな。よく弾んで踊れている子はかかとが着いてないね」と投げかけると，全体的に重かった子どもの動きが少しずつ軽快な動きになっていった。2曲目「ロックでおどろう」では，最初は弾んで踊ったり，後打ちのリズムで踊ったりしたが，途中に素早い動きや，ストップモーション，ポーズの連続などを入れた。3曲目「シェイク」では，2人組で弾んで踊ったり，後打ちのリズムで踊ったりした後に，2人で素早く動きながら回ったり，ポーズの連続をしたりした。2曲目，3曲目を踊った後，弾んで踊ったり後打ちのリズムで踊ったりする動きに，変化のある動きが加わってどうだったかを尋ねると，「変化がつくともっとおもしろくなる」という声が多かった。「他にもいろいろと変化をつけられそう？」と投げかけると，「できそう」と返ってきた。

　そこで，「ひろげる活動」では，4人組になってリーダーを交代しながら，みんなでやってみたことをもとに自由に踊った。

　教師がリードしながらみんなでやってみたときには，教師のさじかげんがきくのだが，子ども主体の活動に移ったときに，子どもたちがどこに意識を向けているかで活動が大きく変わってくる。このときの子どもたちの多くは，他にどんな変化のつけ方

ができそうかという意識が強かったようで，ロックのリズムに乗って踊るよりも，変化をつけることばかりに意識が傾いてしまっていた。縦に1列になり人気グループの動きに終始する4人組も出てきてしまった。

　この第1時の反省をもとに，第2時では後半の「ひろげる活動」を2人組で行い，必ずロックのリズムに乗る動きから入らせ，「変化のある動きをサンドイッチのように入れていこう」と投げかけた。すると，第1時のように，変化のある動きに終始することはなく，リズムに乗ったり，変化のある動きを入れたりすることをバランスよく行うようになっていった。子どもたちは，動きがおもしろくなるポイントに気づいていくが，「ひろげる活動」の前に何を意識させて活動に入るのかが重要であるとあらためて実感した。

〔第3時，第4時〕
◆サンバのリズムへの乗りは，おへそを前後や左右に細かく揺らす感じで

　第3時，第4時は「陽気なサンバのリズム」である。みんなで踊ってみる1曲目「トゥギャザー」では，ロックのリズムと同じように，最初は座ってリズムに乗ることから始めた。サンバのリズムは，2拍の中にリズムの変化（シンコペーション）があるリズムであるため，ロックのリズムよりも小刻みな感じである。サンバのリズムでは，「ウンタッタ，ウンタッタ」のリズムで，おへそを前後や左右に細かく揺らす感じでリズムに乗る。座った状態でサンバのリズムの曲がかかると，陽気なリズムに体が自然に動き出す子どもがいた。「手を波のように動かしたり，ギラギラ太陽のように動かしたりしてみよう」「サンバのリズムでもおへそも踊るよ。おへその動きはロックの時とどう違うかな？」などと投げかけながら，ロックのリズムの乗り方との違いを意識させていった。子どもは「サンバはおへそが細かく動いてるよ」「サンバは細かく揺らす感じ」などと言ってきた。サンバステップを一応教えたが，習得はなかなか難しいため，腰を前後や左右に揺らしたり，体をねじりながらツーステップで移動したりなど，サンバのリズムの特徴をとらえた動きで楽しめ

るようにした。ロックのリズムと同じように，2曲目「リオ2010」，3曲目「セプテンバー99」では，動きに変化をつけたり，2人組で踊ったりした。「ひろげる活動」では，サンバの場合はサンバ隊の雰囲気を楽しませたかったため，4人組でリーダーを交代しながら自由に踊るようにした。リーダーを先頭に，列になって踊ることを楽しむ4人組が多かった。

〔第5時〕

◆ビートの強いロックのリズムへの乗りは，後打ちのリズムにアクセントを強くつけて，おへそをギュッとさせる

　第5時は「ビートの強いロックのリズム」である。みんなで踊ってみる1曲目「ビート・イット」でも，最初は座ってリズムに乗ることから始めた。後打ちのリズムに体をねじりながら強くアクセントをつけた動きをやってみながら，「おへそはどんなふうに踊ってる？」と投げかけた。子どもたちからは，「なんかおへそがギュッとする」「体に強くリズムが入ってくる感じ」などと返ってきた。この「ビート・イット」でのおへそをギュッとする感じや，体に強くリズムが入ってくる感じを生かしながら，2曲目，3曲目は変化のある動きを入れながら踊った。特に，ビートの強いロックのリズムでは，ストップモーションの連続やスローモーションなどを入れやすいようだった。

〔第6時〕

◆お気に入りのリズム（曲）や動きで，おへそはノリノリ，レッツダンス！

　第6時は，ダンス交流会である。毎時間の最後にも，ペアグループごとにその時間に見つけたお気に入りの動きを交換し合う活動で締めくくってきたが，単元最後のこの交流会は，クラス全体での交流会である。4人組ごとに，学習してきたなかから一番お気に入りの曲を選び，お互いのお気に入りの動きを集めて，約30秒の即興リズムダンスにする。このときのポイントは，<u>カウントで動きをつくるのではなく，お気に入りの動きを繰り返しながらつないでいくもの</u>である。

　第1時から第5時まで，毎時間踊る相手を変えながら，新しい動きをいろいろと見つけてきた子どもたちは，次第に「あの動きはAくんオリジナル」「この動きはBさんオリジナル」などと言うようになってきて，友だちのこだわりの動きがわかってく

89

る様子だった。最後は、みんなで仮設ステージのまわりを囲み、1グループずつ出ていって即興ダンスを踊った。そして、まわりの者はそのグループの即興ダンスをまねして踊る。このように友だちとかかわり合って踊る一体感は、リズムダンスのおもしろさの一つである。

7．授業を振り返って

　以上のように、リズムダンスの動きのおもしろさを「感じ」て、動きがよりおもしろくなるための動きのポイントに「気づく」ことができるように、さまざまな支援をしながら授業を行った。この「感じ」たことが「気づき」へうまくつながったとき、子どもの動きが変わっていく手応えを実感する。ところがその一方で、「感じ」たことをうまく「気づき」へつなげられないこともある。本実践の第1時の課題は、まさにその代表的な事例であった。こうした課題も次の実践へのエネルギーにしていきたい。

　体育の学習は、子どもの心と体にダイレクトに響き、また、まわりの友だちや先生と響き合いながら学習を進めていくことができる魅力をもっている。特に表現運動は、そうした学習が実現されやすい領域である。表現運動の単元を一つ終えると確実に、子どもと先生、そして子ども同士の距離が縮まっているから不思議である。(安江美保)

実践例6　〔高学年①〕

"大変だあ！　○○"
（表現）

1．探求したい動きのおもしろさ

- 教材の特徴をとらえ，なりきって踊ることがおもしろい。
- 友だちとかかわって踊ることや互いに見合うことがおもしろい。

2．動きのおもしろさを「感じる」工夫

①子どもがやってみたい，表してみたいと思えるテーマを選び，イメージづくりをする。【材】

②心と体をほぐすことから学習をスタートする。また，毎時間，教師と一緒に動きを共通体験する時間とそれを生かして友だちと一緒に踊る時間を繰り返しながら，学習を進めていく。【過・形】

③共通体験させるときに，いろいろな動きの質感を味わわせることで，気づきにもつながる。【声・支】

④よい動きを教師が取り上げ，互いに見合ったり，交流したりすることで，動きを広げていく。【過・支】

3．学びでの「気づき」の工夫

①教師が子どもの動きに合わせて，「どんな感じが表したい？」「もっと激しさを表すにはどうしたらいい？」「どんな場面を表したい？」「視線も大事だよ」「友だちとのかかわり方を工夫するといいね」など，言葉かけを工夫することで「気づき」を促す。【声・支】

②授業のまとめで，友だちの動きや自分の動きを振り返る時間を設けることで，「気づき」を促す。【過】

4．学びを見取るための視点（評価規準）

		無意識・・・・・・・（気づき）・・・・・・・意識		
	「感じ」	「気づき」動きのおもしろさへの気づき	動きの出来事への気づき	動きを工夫するための気づき
違和感	身体が不安定な感じ	題材の特徴をとらえきれてはいないが，踊る感じを楽しんでいる。	なりきって踊るおもしろさに気づきながらも，友だちの動きをまねして踊ることで精いっぱいな状態。	同じ動きを繰り返し，動きの安定さを保とうとして工夫し，おもしろさにふれている。
（感じ）	身体が安定した感じ	題材の特徴をとらえて，なりきって踊っている。	すばやく走る，急に止まる，転がる，ねじるなど，動きにメリハリをつけている。	友だちのよい動きに気づき，自分の動きに生かそうとしている。
一体感	身体が安定したり，不安定になったりする感じ	題材の特徴をとらえて，なりきって踊ったり，身体を極限まで使って新たな動きを探そうとしたりしている。	表したいイメージを強調するように，動きに変化と起伏をつけて，ひと流れの動きで即興的に踊っている。	友だちとかかわりながら，動きに変化と起伏をつけて，簡単なひとまとまりの動きにして踊っている。

5．単元の流れと実際

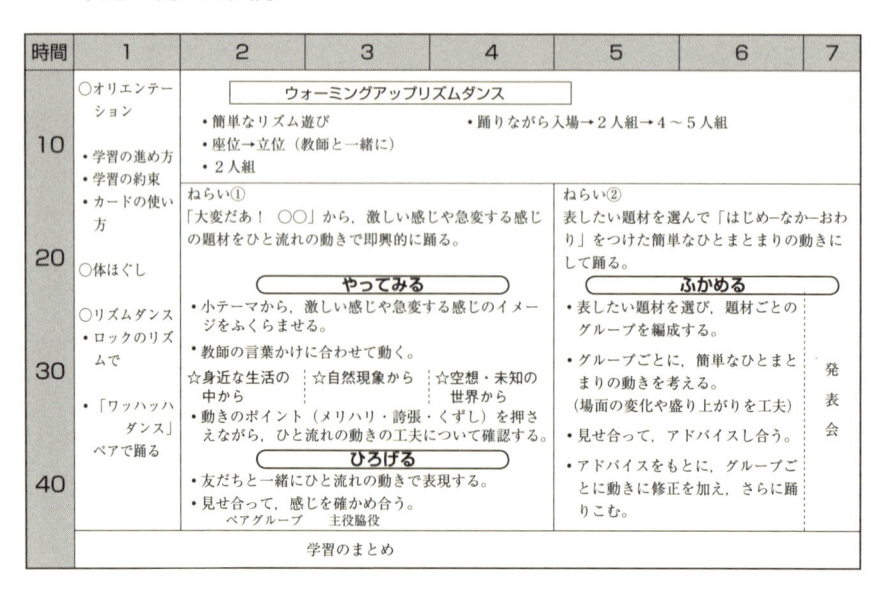

時間	1	2	3	4	5	6	7
10	○オリエンテーション ・学習の進め方 ・学習の約束 ・カードの使い方	ウォーミングアップリズムダンス ・簡単なリズム遊び　　　　　　　・踊りながら入場→2人組→4〜5人組 ・座位→立位（教師と一緒に） ・2人組					
20	○体ほぐし	ねらい① 「大変だあ！ ○○」から，激しい感じや急変する感じの題材をひと流れの動きで即興的に踊る。			ねらい② 表したい題材を選んで「はじめ−なか−おわり」をつけた簡単なひとまとまりの動きにして踊る。		
30	○リズムダンス ・ロックのリズムで ・「ワッハッハダンス」 ペアで踊る	やってみる ・小テーマから，激しい感じや急変する感じのイメージをふくらませる。 ・教師の言葉かけに合わせて動く。 ☆身近な生活の中から　☆自然現象から　☆空想・未知の世界から ・動きのポイント（メリハリ・誇張・くずし）を押さえながら，ひと流れの動きの工夫について確認する。 ひろげる ・友だちと一緒にひと流れの動きで表現する。 ・見せ合って，感じを確かめ合う。 ペアグループ　主役脇役			ふかめる ・表したい題材を選び，題材ごとのグループを編成する。 ・グループごとに，簡単なひとまとまりの動きを考える。 （場面の変化や盛り上がりを工夫） ・見せ合って，アドバイスし合う。 ・アドバイスをもとに，グループごとに動きに修正を加え，さらに踊りこむ。		発表会
40		学習のまとめ					

6. 学びのあしあと

〔第1時〕

子どもは，中学年の時に「空想からの題材」での表現を経験しており，学習に対して興味のある子どもが多かった。しかし，高学年となり，中学年の頃より恥ずかしさも出てきていたので，まずは「表現」の学習の特性や学習の約束事を確認するところから始めた。

- 相手を選ばず，誰とでも組んで踊る。
- 全身で弾んで踊る。
- 全身になりきって踊る。
- 友だちのいいところをさがす。（みんなちがって　みんないい）
- 友だちに直接ふれないで表す。（うそのけんかや戦いができる）

その後，ペアになり，リズムに乗って思いきり踊る活動を教師側で提示した。友だちとかかわって踊ることで心と体をほぐし，次時からの意欲を高めた。

〔第2～4時〕

● ウォーミングアップリズムダンス

授業は，毎時間，ウォーミングアップリズムダンスからスタートした。

● 教師と一緒に

単元前半は，子どもが「大変だあ！○○」からイメージしたことをもとに，「身近な生活の中から（第2時）」「自然現象から（第3時）」「空想・未体験の出来事（第4時）」の三つのテーマにし，取り組んだ。

どの時間のはじめも，三～四つの質感の違う動き（体の使い方やリズムなどに差のある動き）を取り上げ，教師が言葉かけをしながら共通に体験させた。

第2時「身近な生活の中から」では，共通課題として「洗濯機（グルグル回される，重なり合う，絞られる）」「ポップコーン（軽やかにパンパンは

じける)」「ウイルス発生(不思議な動き・鋭い動き)」「〜がない!(「見る」を生かした動き)」に取り組んだ。教師が言葉かけをしながら,質感の違う動きを体験させた。よい動きを取り上げ紹介したり,「ギュギュギュッと絞って」「床にはいつくばって探す」「きょろきょろ探す」など,言葉かけを工夫したりし,動きが広がるようにした。

第3時「自然現象から」では,共通課題として「噴火(激しい爆発,繰り返すことによる誇張)」「暴風の中の新聞紙(不安定な感じ,激しく飛ばされる感じ)」「大荒れの海(ぶつかり合う波,群でのまとまった動き)」を取り上げた。前時の身近な生活からのテーマよりも全身を使って動きやすかったようで,教師の言葉かけに対して,一人ひとりの動きに違いが見られた。また,体の使い方が大きくなってきた。

第4時「空想・未体験の出来事」では,「急に宇宙に放り出された(無重力の不安定さ,スピードの緩急)」「コンピュータが壊れた(リズムの変化)」「くるった時間(巻き戻し,ストップモーション,スローモーションなど)」を取り上げた。特に,「くるった時間」では,リズムを変えながら表情にも変化があり,なりきって踊っている子どもが多く見られた。

動くことにとまどう子どもも共通に体験させることを繰り返すことで慣れてきた。また,いろいろな動きを意図的に味わわせることができ,子どもからは生まれづらい回転する,ひねるといった動きも経験させることができた。

●友だちと一緒に

授業前半の共通体験を生かし,流動的なペアやグループをつくって,友だちと一緒にひと流れの動きで即興的に踊る活動に取り組んだ。ひと流れの例としては,「ウイルスが体に侵入→大暴れするウイルス→薬にやられる」「だんだんと強くなる地響き→火山爆発→溶岩が流れて固まった」「規則正しく動くロボット→急に壊れた→ついに止まった」などがあった。

子どもの動きを実況中継したり,動きに変化がつくように「どんな場面を表したいのか」「どんな感じを表現したいのか」などグループに合わせて声をかけて回ったりした。動きが単調になっているときは,リズムや友だちとのかかわり方に変化をつけるなど,動きにメリハリが生まれるように助言した。最後は,ペアグループでの見合

いを行い，表したいものを伝えることやよい動きを自分の動きに取り入れることができるようにした。

学習を進めるにあたって，毎時間の子どもの振り返りから，「動きに差ができるとおもしろい」「一人より二人，三人のほうが動きの工夫ができる」「友だちの動きの中に，自分では思いつかない動きがあった」「友だちとやったら恥ずかしくなかった」など，新たな「気づき」を見つけ，次時の最初に取り上げた。

〔第5・6時〕

第2～4時で取り組んだテーマをもとに，表したい題材を選び，題材ごとのグループをつくって簡単なひとまとまりの動きにして踊った。子どもが選んだテーマには，「竜巻発生」「財布がない！」「ロボットが壊れた」「ウイルス」「おかしな運動会」がある。グループごとに，いままで取り上げてきたいろいろな動きを生かすように声をかけた。例えば，「財布がない！」のグループは，「どんな感じが表したいのか」「必死で探す様子はどうしたら表せるか」「探すには視線も大事だね」などと声をかけたことで，メリハリのある動きとなった。また，「ウイルス」では，全員が内側を向いた円形が多かったが，向きを変えたり，人が入れ替わったりする動きを取り入れることで，不定型な不思議な動きが生まれた。グループごとの見合いでは，発表会に向け，互いに改善点を出し合い，修正を行った。変化のつけ方やよさに目が向く子どもが増えてきた。

〔第7時〕

まとめの発表会を行った。子どもは，互いに見合う活動を毎時間行ってきたので，単元はじめに比べ，見せることにも慣れてきた。また，本時の発表会は，自分の選んだテーマでの発表ということもあり，発表することも，友だちの発表を見ることも楽しみにしている様子がうかがえた。

7．授業を振り返って

単元を通して，教師が意図的に共通体験させることと，友だちと一緒に動きをつくりだす活動を繰り返すことで，子どもはいろいろな動きに気づき，工夫して表すこと

ができるようになった。しかし，授業を進める中には，共通に体験させる場面で，子どもが動きにとまどうこともあった。教師の言葉かけに対し，子どもがどのように反応するかの予測が不十分だったため，軌道修正がうまくできなかった。共通に体験させる動きとして何を取り上げるか，どんな言葉かけをするのかを十分に吟味し，明確にすることで，子どもから引き出したい動きに対する指導と，どんな動きを賞賛するかという評価にもつながると考える。また，子どもにとっても「何を表したいのか」「どんな様子や場面を表したいのか」「どんな感じを表したいのか」を明確にすることができる。

- はじめは2人組がすぐに組めなかったけど，今は誰とでも組める。
- 不安な気持ちもあったけど，とても楽しかった。授業を通して，仲良くなった友だちもいてよかった。発表会では，恥ずかしさがなくなっていた。
- 動きを繰り返すごとに，大げさにしていったり，指先まで使って表現したり，新しい発見がたくさんあった。
- そのものになりきって踊ることは楽しいことだと実感した。
- 発表はグループでいろいろ考えたので，オリジナル感がすごくあった。

これは，単元終了後の子どもの感想の一部である。また，単元後，「表現」の学習をまたやりたいと答えた子どもは全体の約9割だった。この授業を通して，多くの子どもたちが，表現の特性である「なりきって踊る」ことや「友だちとかかわって踊る」ことの楽しさを味わうことができたのではないかと考える。

（森 奈緒子）

（本実践は，筆者の前任校入間市立赤見台第一小学校で行ったものである）

第3章 「表現運動」の授業実践

実践例7 〔高学年②〕
"6年2組 日常の出来事──どんな表現が出てくるかな!?"
(表現)

1. 探求したい動きのおもしろさ

●一緒に踊る友だちやモノ(題材や音楽など)に働きかけられて踊らされたり,自分から働きかけて踊ったりして,なりきって踊ることがおもしろい。

2. 動きのおもしろさを「感じる」工夫

①友だちの動きのまねやかけ合いで自然に踊らされたり,友だちと一緒に踊っているうちに自分なりの動きで踊ってみたくなったりするところになりきりのおもしろさがある。そこで,友だちとの踊り合う形態(まね・かけ合い・追いかける)を工夫することで,なりきって踊るおもしろさにふれやすくする。【過・形】

②友だちの動きのまねや自分なりの動きを,題材の特徴をとらえて大げさに表現したりメリハリをつけたりして踊ることで,友だちや題材と自分との間の働きかけに変化が生じ,踊らされたり踊ったりする動きのおもしろさが増す。そこで,友だちと一緒に踊る中で生まれたイメージを,特徴をとらえて大げさに表現したりメリハリをつけたりして(場・リズム・身体をくずして),「ひと流れの動き」で踊る。【過・材】

③友だちと一緒に踊る中で生まれるさまざまなイメージを,「ひとまとまりの動き」で表現することにより,なりきって踊りやすくなる。そこで,好きな場面を決めて,「はじめ-なか-おわり」をつけた簡単な「ひとまとまりの動き」にして,友だちと一緒に踊る。【過・材】

3. 学びでの「気づき」の工夫

①題材の多様なイメージに気づき,題材の特徴をとらえて大げさに表現したりメリハリをつけたりして「ひと流れの動き」で表現するために,事前に題材のイメージバスケットをつくる。【材】
　　註)イメージバスケットとは,取り上げる題材から思いつくイメージや動きを書き出したもののこと。

②まねやかけ合いなど友だちとの踊り合う形態を変化させながら,さまざまな題材

97

になりきって踊る中で,それぞれの動きの質感の違いに気づくために,教師が「今,どんな感じ?」や「ピタッ」などの擬音語・擬態語を含む声かけを行う。【声】
③自分の表現の変容に気づくために,友だちのまねをした動きやかけ合って出てきた動きなどを振り返り,みんなに紹介をして交流を行う。【評】

4．学びを見取るための視点（評価規準）

	暗黙知・・・・・・・・・・・（気づき）・・・・・・・・・・・形式知			
	「気づき」「感じ」	先生や友だちの動きのまねやかけ合いに対する気づき	動きの質感に対する気づき	自分の表現の変容に対する気づき
違和感	他者（先生や友だちの動き・題材・音楽など）に働きかけられて,無意識に踊らされる感じ	先生や友だちの動きのまねや応じる動きをすることを楽しんでいる。	先生や友だちの動きの変容（場・身体・リズムくずし）や題材のイメージの多様性に気づき,自分なりの動きで踊ろうとしている。	自分なりの動きで意識的に表現して,なりきって踊るおもしろさにふれている。
（感じ）	他者に働きかけて,自分の動きで意識的に踊る感じ	自分なりの動きで踊ったり,自分から動きを仕掛けたりすること楽しんでいる。	先生や友だちの動きのおもしろさ（場・身体・リズムくずし）や題材のもつ特徴的な動きに気づき,まねをして踊ろうとしている。	先生や友だちの動きのまねやかけ合いに応じる動きを取り入れて,他者にゆだねながら,なりきって踊るおもしろさにふれている。
一体感	他者に働きかけられたり働きかけたりしながら,なりきって踊る感じ	先生や友だちの動きのまねや応じる動きをしつつ,自分なりの動きでも踊ったり自分から動きを仕掛けたりして,おもしろさを味わっている。	動きの質感の違いに気づき,変容させながら踊ろうとしている。	先生や友だちの動きを取り入れたり,自分なりの動きで表現したりして,動きの質感を変容させながら,なりきって踊るおもしろさにふれている。

5．単元の流れと実際

	単元の流れ（全7時間）				
	第1・2時	第3・4時		第5時	第6・7時
課題と1時間の流れ	【課題①】先生や友だちのまねをして踊れるかな	【課題①】友だちとかけ合って踊れるかな		【課題①】友だちを追いかけて（友だちに追いかけられて）踊れるかな	【課題①】今までの中で好きな題材を選び「はじめ－なか－おわり」をつけた「ひとまとまりの動き」で友だちと踊ろう
	(題材) 「廊下の鏡をのぞいてみたら…」	(題材) 「調理実習ポップコーン作り」	(題材) 「友だちとのケンカ」 「ドッジボール対決」 「綱引き大会」	(題材) 「芸術家になって作品づくり」	(題材) 「休み時間の鬼ごっこ」 「校庭の落ち葉」
	【課題②】友だちのまねをして大げさでメリハリのある「ひと流れの動き」で踊れるかな	【課題②】友だちとかけ合って大げさでメリハリのある「ひと流れの動き」で踊れるかな		【課題②】友だちを追いかけて（友だちに追いかけられて）大げさでメリハリのある「ひと流れの動き」で踊れるかな	
	(イメージの変容例) ・ねじれる鏡 ・突き出る鏡 ・伸びる鏡 ・反対方向に見える鏡 ・遠くに見える鏡 ・割れる鏡	(イメージの変容例) ・膨らむポップコーン ・はじけるポップコーン ・しぼんでかたまるポップコーン	(イメージの変容例) ・パンチの決定的瞬間 ・連続パンチ ・もしもボールが大玉だったら ・もしもボールが卵だったら ・綱に引きずられる ・糸引き大会 ・綱が切れた！	(イメージの変容例) ・芸術家と粘土作品 ・芸術家と針金作品 ・芸術家と木製作品 ・芸術家と紙製品	(イメージの変容例) ・追う、追われる ・かくれる、身をかわす ・タッチの決定的瞬間 ・風に舞う落ち葉 ・舞い落ちる落ち葉	【課題②】発表会をしよう

6．学びのあしあと

★「6年2組 日常の出来事」の各題材のイメージバスケットをつくろう！

・自分とそっくりな動きになるよ。
・ねじれて映る鏡があるとおもしろいな。
・細長く映ったり，突き出して見えたりする鏡もあるよ。

・ゆっくりコーンが膨らんで，はじける感じ。
・火を止めると，ギザギザしたいろいろな形になっているよ。

(子ども)

題材「廊下の鏡をのぞいてみたら…」
どんなふうに映るかな?!

(教師)

題材「調理実習ポップコーン作り」
家庭科でポップコーン作り。
さてフライパンの中は？

〔第1・2時〕
題材「廊下の鏡をのぞいてみたら…」「調理実習ポップコーン作り」
【課題①】 教師や友だちのまねをして踊れるかな

まねは取り組みやすさがあります。最初は，教師のまねをします。

次は教師の代わりにリーダーを決めて，その友だちのまねを全員でします。友だちのイメージが広がっていきます。

「鏡」まずは先生のまねから　まねにもそれぞれの表現が出てくる

【課題②】 友だちのまねをして大げさでメリハリのある「ひと流れの動き」で踊れるかな

友だちとさまざまな動きで遊んでみたくなる
だんだん大きな動きになる

「ねじれる鏡」
歪んだ感じが表現される

「調理実習ポップコーン作り」
いろいろな形のポップコーン

2人組になり，動きのリーダーを決めてまねをするなかで，大きな動きが出てきたり，イメージバスケットで考えた鏡で，身体の状態を変容させて表現したりする姿が見られました。リーダーを交代することで題材の世界に入り，なりきりやすいようでした。

「調理実習ポップコーン作り」では，群になって表現する姿が見られました。なかには，恥ずかしそうに自分の表現を大勢の友だちの中では出せない姿も。そのようなときは，2人組に戻す教師の声かけが必要です。

〔第3・4時〕
題材「友だちとのケンカ」「ドッジボール対決」「綱引き大会」「芸術家になって作品づくり」
【課題①】 友だちとかけ合って踊れるかな

友だちの動きの働きかけに応答することがおもしろい。そのため，【課題①】で，表情も変化させて大げさな動きで表現する姿が見られました。

「友だちとのケンカ」
友だちのパンチに応じる

「ドッジボール対決」
ジャンプでキャッチ！

第3章 「表現運動」の授業実践

【課題②】 友だちとかけ合って大げさでメリハリのある「ひと流れの動き」で踊れるかな

「ドッジボール対決」
目にもとまらぬ速さでダイナミックに

大玉が飛んできたよ。
自然に大きな動きに

> 「ひと流れの動き」の中に、友だちの速い動きやイメージの変容に応じて、自分なりの多様な動きで表現する姿が出てきました。

「綱引き対決」
はじめは糸で綱引き。慎重に

引きずられていく

おわりは綱が切れてブチッ!

「芸術家になって作品づくり」
芸術家役は粘土を全身でこね上げて
作品役を操る

今度は針金を1本ずつ折って
針金作品づくり
作品役は直線的な感じの動きで表現

> 教師は、「今、どんな感じ?」という問いかけや、「ドロドロ」「カクカク」などの擬音語の声かけを行い、なりきりやすい状況をつくります。友だちの動きの質の変容によって、自分の動きも変わっていきます。

〔第5時〕 題材「休み時間の鬼ごっこ」「校庭の落ち葉」
【課題①】 友だちを追いかけて(友だちに追いかけられて)踊れるかな

> 走り回ってしまわないように、「警察と泥棒」のように、イメージバスケットを参考にして行います。

「休み時間の鬼ごっこ」
追いつかれそうで追いつけない
場面をスローモーションで

すばやく隠れて辺りをうかがう
スリリングな動きも

【課題②】友だちを追いかけて（友だちに追いかけられて）大げさでメリハリのある
「ひと流れの動き」で踊れるかな

「休み時間の鬼ごっこ」
おわりは捕まる瞬間をストップモーションで

「校庭の落ち葉」
落ち葉は風に舞ったり重なって地面に
落ちたりリズムや身体を変容させて表現

〔第6・7時〕
【課題①】友だちと好きな題材を選んで「はじめ－なか－おわり」をつけたひとまと
まりの動きで踊ろう
【課題②】発表会をしよう

> 例えば、「はじめ」と「おわり」はスローモーションで、「なか」は激しい感じなど、異なる質感の動きで表現します。発表会は、題材ごとの発表を区切らずに、「6年2組 日常の出来事」が次から次へと連続して起こる設定で行うと、なりきるおもしろさも継続されやすくなります。

7. 授業を振り返って

● 踊らされたり・踊ったりする関係づくり

　2人組で踊ることにより、踊らされたり踊ったりする関係がとりやすく、なりきるおもしろさにひたりやすいと思われた。はじめからグループの人数が多いと関係がとりにくく、個々の表現が埋没し、なりきりのおもしろさを味わいにくい様子が見られた。【課題①】では、なりきりの世界に入りにくい子どもは、先生や友だちのまねから行い、他者に働きかけられて踊らされるという体験によって表現の世界へ誘うことができた。また、2人組は役割を決めて（動きのリーダー・題材の中の役・追う側と追われる側など）、その役割を交代することによって、なりきりのおもしろさが継続していく様子が見られた。

● なりきるおもしろさの深まり

　【課題②】では、【課題①】の表現を、イメージバスケットや音楽、教師の声かけによって、場・リズム・身体の変容を促してイメージを広げたり深めたりしながら、なりきるおもしろさの深まりをねらった。しかし、題材の動きを忠実にコピーして動く姿やイメージの深まりにくさが見られ、なりきるおもしろさに夢中になり、多様な表現の世界を拓いていくところに課題が残った。

（柳瀬慶子）

第3章 「表現運動」の授業実践

実践例8 〔高学年③〕

"心をつなごう！ みんなのフォークダンス"
（フォークダンス）

・・・

1．探求したい動きのおもしろさ

> ●踊りのもつ雰囲気に入り込み，気持ちや動きをそろえて仲間と踊り，一体感を感じることがおもしろい。

2．動きのおもしろさを「感じる」工夫

①日本の民踊や外国のフォークダンスは子どもたちにとってあまりなじみのないものだが，それぞれの踊りは非常に個性的で魅力あふれるものである。音楽の雰囲気やリズム，踊り方の違いのおもしろさを感じることができるように，単元の中で雰囲気の違う複数の曲を踊るようにする。【過・材】

②民踊やフォークダンスには踊りの型があるが，それらの中には子どもたちにとって難しく感じられる動きもある。そこで，踊りの映像をプロジェクターでスクリーンに映し，それを見ながら踊ったり，仲間と動きを確認し合ったりすることができるようにして，動きの特徴をとらえやすくする。【具・支】

3．学びでの「気づき」の工夫

①それぞれの踊りには，その踊りが成立した国や地域の歴史や文化が反映されている。動きのおもしろさを十分に味わわせつつ，子どもたちがより深く踊りのもつ雰囲気にひたることができるように，一つひとつの動きや隊形が表している意味を説明する資料を活用し，よりおもしろく踊るための工夫を考えやすくする。【材・支】

②音楽に合わせて集団で動きをそろえながら踊ることは，民踊やフォークダンスの大きな醍醐味である。踊り別グループで，自分たちの踊りを自分たちなりの解釈を入れながら踊ることで，仲間との一体感を味わうおもしろさに気づけるようにする。また，ワークショップによって他のグループと踊りを交流させることで，踊りの感じの違いにも気づけるようにする。【過・形・マ】

4. 学びを見取るための視点（評価規準）

		無意識・・・・・・・・・（気づき）・・・・・・・・・意識		
	「気づき」「感じ」	動きのおもしろさへの気づき	動きの出来事への気づき	動きを工夫するための気づき
違和感	身体が不安定な感じ	音楽や仲間の動きと合わせてうまく踊ることはできないが，踊る感じを楽しんでいる。	それぞれの踊りには意味がありそうなことに気づき，その意味を見つけだそうと試みている。	踊りのもつ雰囲気が表現できるように工夫し，おもしろさにふれている。
（感じ）	身体が安定した感じ	音楽や仲間の動きに合わせてうまく踊り，踊る感じを楽しんでいる。	踊りの意味に気づき，その意味を表す踊りとなるように試している。	踊りのもつ雰囲気をみんなで共有できるように工夫し，おもしろさにふれている。
一体感	身体が安定したり，不安定になったりする感じ	音楽や仲間の動きと「一体感」を感じながら「踊れるか踊れないか」という動きのおもしろさを味わっている。	踊りの意味が体現できるかできないかの狭間で，その動きを楽しむための条件に気づき，それを生かそうとしている。	踊りのもつ雰囲気をみんなで共有しつつ，より自分たちらしい踊りになるように工夫し，仲間と協働して踊るおもしろい世界にふれている。

5. 単元の流れと実際

時/分	1 →	2 →	3 →	4 →	5
15	『フォークダンス』との出あい		グループで踊ろう！		みんなで踊ろう！
30	・映像を見ながら踊ってみる。		・踊りの特徴をつかむ。 ・踊りのもつ意味に気づく。		・ワークショップを行い，いろいろな踊りのおもしろさを味わう。
45	・踊り別グループをつくる。				・クラス全員で踊る。

6. 学びのあしあと

〔第1時〕

「今日からフォークダンスをみんなで踊っていきます。大昔から人々は踊ることを楽しんできて，世界中にたくさんのフォークダンスが生まれました。そして，それら

が現在でも残って多くの人々に楽しまれています。何百年も前の踊りが残っているということは，フォークダンスには大きな魅力，おもしろさがあるということでしょう。そのおもしろさを見つけられるように踊っていけるといいですね」と話し，1時間目をスタートした。

　この時間はグループなどを固定せず，体育館ステージ上のスクリーンに映し出されるＤＶＤの映像を見ながら自由に踊る時間とした。日本の「ソーラン節」，スウェーデンの「グスタフス・スコール」，ロシアの「コロブチカ」，イスラエルの「マイム・マイム」の順に，それぞれ1分程度の映像を流すと，スタートから本当に楽しそうに多くの子どもたちが踊り始めることができた。初めて踊るダンスもあるので，動きはぎこちなかったが，四つの曲を3回繰り返し踊ると，3回目には自然とペアをつくったり，隊形を整えたり，かけ声（回転するところで「クルリンパ～」）をかけたりしながら明るい雰囲気の中で楽しく踊ることができた。次の時間には踊り別のグループに分かれて踊り深めていくことを伝え，1時間目を終えた。

〔第2時〕
　国旗が印刷されたくじを引き，四つの踊り別グループを結成した。各グループにＣＤラジカセを1台ずつ用意し，体育館の四隅に分かれて，音楽を自由に流しながら自分たちの踊りを練習できるようにした。踊るだけで楽しく，何度も何度も繰り返し踊るグループ，しっかり踊ろうとすると「けっこう難しいなぁ」と焦るグループ，ＤＶＤの映像を再確認しながら「足，上がってるじゃん」「男女で踊るんだね」と話し合うグループ，「踊りをアレンジしてもいいですか？」と先走るグループなどが見られた。

　動きの難易度によって踊りへの取り組み方に違いが出たようであるが，踊りのもつ雰囲気に入り込んでいく姿は共通していた。終末では，踊り別グループがしっかり踊れるようになったら，他のグループの人と踊りを教え合い，みんなで四つの踊りを楽しめるようにしようという方向を確認して本時を終えた。

〔第3・4時〕
　ある程度踊れるようになってきた段階を見計らって，踊りの背景にある歴史や動きの意味を文章にしてまとめた資料（Ａ4判1枚）を手渡した。その資料を読んだ後，映像で見たお手本の動きを身に付けるだけでなく，踊りの歴史や意味を自分たちの踊りの中でどのようにすれば表現できるのだろうかと考え始めるグループもあったが，あまり話し合いもないまま踊ることのみを楽しもうとするグループもあった。そこで，それぞれの踊りのもつ雰囲気に子どもたちがじっくりとひたることができるよ

うに,「テレビもパソコンもない昔,人々が集まって踊ることは大きな喜びだったんじゃないかな」「この動きにはこんな意味があるけど,どうやって踊ったらその意味が表せる？」などと話し,資料の内容をもとにしたグループ内の意見交換が活発に行われるような働きかけをこまめに行うようにした。すると,すべてのグループで徐々に踊りの歴史や意味を自分たちの動きとして表現しようとする意識が高まり,踊り方にも変化が現れるようになった。

それぞれの踊りの変化をグループの「こだわり」として意識し,そのおもしろさをクラスのみんなと交流させる活動に向けた準備が整った2時間であった。

〔第5時〕
最後の時間となったので,ワークショップによってグループで見つけた踊りのおもしろさ（踊る際のポイント）を交流させることにした。

しっかり
踏み込もう！

はじめはソーラン節。グループの代表者は「ソーラン節はニシンという魚を獲るときの踊りで,踏み込みをしっかりして踊ってください」と説明した。教師が,力強さを表現した踊りであることや,ニシン漁の過酷さについて,さらに一つひとつの動きの意味を補足した後,二重円になってクラス全員で踊った。踏み込みへの意識が共有されているのが体育館の床の「ドン！」という大きな音から感じられた。

次はグスタフス・スコール。グループの代表者は「最初は胸を張って踊って,後からだんだん軽快になって踊っていく踊りです」と説明した。教師がグスタフ王への尊敬の気持ちや自分たちの楽しい気持ちを表す踊りであることを補足した後,3か所に分かれて踊った。前半の貴族風のかしこまった感じや,手拍子とともに「グスタ！　グスタ！」とかけ声をかける後半の踊りの工夫がおもしろいようで,とても盛り上がって踊ることができた。

貴族らしく胸
を張って踊っ
てみよう！

三つ目はコロブチカ。グループの代表者は「踊る相手が入れ替わるところは,預かったものを手渡すイメージで踊ってください」「回るときは『クルリンパ～』と声をかけるとおもしろいんでやってみてください」と説明した。この踊りはパートナーチ

ェンジが難しいため，少し時間をとり全員で練習してから踊ってみた。軽快なリズムと回転する動きのおもしろさをクラス全員が一緒に味わいながら踊ることができた。

最後はマイム・マイム。グループの代表者は「砂漠で井戸から水が出たときのうれしさを表現して，笑顔で踊ってください」と説明し，教師は，建国におけるイスラエルの人々の苦労や喜びについて補足した。この曲は，宿泊学習のキャンプファイヤーで踊ったことがあり，踊り自体は全員が知っているものであったが，その歴史や意味について初めて知り驚いた者もいた。クラス全員で一重円をつくり踊った後，「グループだけで踊るより，クラスのみんなで踊るほうが，喜びが大きくなるような気がする」と感想を語る子どもの言葉には，フォークダンスの醍醐味が表れていた。

7．授業を振り返って

子どもたちは何度も何度も繰り返し踊ることや，踊りのもつ歴史や意味を知ることで，踊りの雰囲気を自分たちなりに解釈し，共有し，その雰囲気から踊りのおもしろさや踊る際のポイントを生み出していった。このことは，「あらかじめ決められた音楽と動きの型がある『フォークダンス』を身に付けて楽しもう」という「分離の関係」をもとにした授業ではなく，「あらかじめある音楽と動きと自分たちで自分たちなりの『フォークダンス』をつくりあげていこう」というスタイルの授業を展開することができたことを示している。"仲間と踊る一体感"という「動きのおもしろさ」も，このような授業スタイルによって，より味わいやすいものにすることができたといえる。

教師に踊り方を指導されていくのではなく，映像によって踊り方を知ったり，動き方を確認できたりする工夫は，複数の踊りを同時に学んでいく場合に有効であるだけでなく，自分（たち）の感じ方を大切にして踊ることができるという点でも必要な工夫であった。

踊りのもつ歴史や意味への理解は，先人が感じ，育んだ「フォークダンス」のおもしろさを，自分たちが感じるおもしろさと同一線上に並べてとらえることを可能にし，フォークダンスの存在にリアリティを与えたように見えた。ただ単に踊り方を伝えるのではなく，フォークダンスの世界に子どもたちを誘うような工夫が，フォークダンスの授業には不可欠であることを知ることができた。

　クラスのみんなで踊る楽しさは，本実践で求めた"一体感"に迫るものであり，踊りを交流させるワークショップには大きな意義があった。「自分たちのグループのダンスをみんなで踊れた」「あそこのグループの踊りのおもしろさを感じることができた」という一人ひとりの思いが笑顔となり，歓声となっていた。

　心をつなぎ，フォークダンスのおもしろい世界をつくりだすことができた子どもたちと共に踊る楽しさを，教師も味わうことができた実践であった。　　　　　（山崎大志）

（本実践は，筆者の前任校入間市立藤沢北小学校で行ったものである）

第4章

授業づくりのポイント

1 「表現運動」はこうやって観察する

　「表現運動」はこうやって観察する——一体，誰が何を観察するのでしょうか？子どもでしょうか？　それとも，子どもの動きを見ている教師でしょうか？「表現運動」の授業を展開するには双方の観察が必要でしょう。なぜなら，「表現運動」は，距離や速さなどで計れない領域であり，イメージや情感などの子どもの内面で起こることが身体運動で現れ出てくるため，「観察」ということが特に大事になるからです。本節は，子どもにとっての観察と，教師にとっての観察の双方から「表現運動」を考えてみたいと思います。

(1) 子どもにとっての観察とは

① 「ゾウってどうやって動くの？」

　ある小学校における低学年・表現リズム遊びの時間です。教師が「ゾウになってみよう」と子どもたちに言いました。子どもたちは，思い思いにゾウを表現し始めました。そのなかで，ある子どももゾウの長い鼻を表すように片手をだらんと垂らしました。しかし，子どもはそのポーズのまま動きません。教師は，「ゾウになれたね。さあ，ゾウさんになって動いてみよう」と声をかけました。すると，その子どもは言いました。「ゾウってどうやって動くの？」

　この子どもは，遠足に行ったときに他の子どもたちと同じく動物園でゾウを見ています。ゾウがどういう動物であるかは知っていました。しかし，ゾウが鼻で物をつかんだり，ノシノシと歩くことは「見えていなかった」のです。「見えていなかった」というのは，全く見ていないのではなく，眼球ではゾウの姿をとらえていたけれど，その子どもの意識や記憶には残らなかったということです。「眼球には映っていたけれど見えていない」，言い換えれば「見ているつもりで見ていない」という状況は，子どもから大人まで誰にでも起こることです。

数人の人が同じ状況で同じものを見ていても，各人の見ている視点は違っていることがあります。また，同じものを見て，ある人は気づき，ある人は気づかないこともあります。同様に，ある人は関心をもち，ある人は関心をもたないこともあります。

それにしても，現在の子どもたちの「見えていない」，ないし「見ようとしない」状況には検討が必要でしょう。一昔前の子どもたちが表現しようとするとき，フラミンゴなどのまだ知らない（もしくは，見たことのない）動物がわからずに立ち止まるということはありました。しかし，現在はゾウやカメなど見知っている動物の動きですらイメージできない子どもが多く見受けられます。そのために，最近の授業では子どもに映像で動物の動く様子を見せてから表現に取り組むケースが増えています。

② 未熟さを痛感した授業

表現運動領域の，特に「表現」では，正しくものを見る目が必要となります。ゾウがどのように動くのか，粗雑に見ていてはその姿を模すことはできません。例えば，新聞紙を用いた学習の時なども，新聞紙の動きをまねるという行為をするためには，新聞紙がどのように動いているのかを正しく見なければなりません。

以前，私が新聞紙を用いた授業を実践した際に，「表現運動」のベテランといわれる先生に見ていただいたことがあります。私は，新聞紙を用いて学生に新聞紙をまねするように指示しました。そして，最後に新聞紙をちぎって空中に舞い上げると，学生たちは「ワ〜」と言いながら軽く跳び上がりました。その様子を見ていたベテラン先生は，学生に向かって「先生はそんなふうに新聞紙を動かしていた？ 新聞紙ちぎって，新聞紙は一度空中にワァッと広がって，上から落ちて来たじゃない！ ちゃんと，ものを見ないとダメ！ 私がもう一度やってみるよ」と，新聞紙を持って私と同じように新聞紙を動かしました。学生たちは，ベテラン先生があやつる新聞紙を真剣に見ながらダイナミックに動きだし，新聞紙が空中に舞い上がるところで思いっきり跳び上がりました。私は，学生の動きの違いに愕然としました。そして，学生に対して短い言

111

葉で核心を伝えることができなかった未熟さを痛感しました（寺山・米澤・宗宮・大野，2012）。

　自分ではないもの，例えば新聞紙であり，動物であり，火山であり，それらの動きを正しく見て体で表現すること。見たものをまっすぐに表現すること。そこに表現運動およびダンスの基本があると思います。

③　正しくものを見る目

　子どもにとって，「正しくものを見る目」を養うことは，表現運動や体育の学習を超えて，学習するための必要な能力といえます。「正しくものを見る」とは，すなわち「観察」のことです。このような「正しくものを見る」という姿勢は子どもがさまざまな教科を学ぶ時の「学ぶ」姿勢であるともいえるでしょう。正しくものを見た時に，「大」と「犬」の字の違いに気づくのであり，双葉と本葉の違いに気づきます。すでに，小学校のあらゆる教科において，この学びの力を最大限に活用するべく，子どもが自分で発見し気づいていくように展開される教材が多く用いられていることと思います。子どもが「あっ，違う」「あっ，気づいた」と意識が向いて，「なるほど」と理解していく学びの過程は，どの学習にも共通することでしょう。つまり，「正しくものを見る目」をもつとは，あるものに対してただ見るだけではなく，〈からだ〉全体で気づいていく過程ともいえます。

④　驚く心とは

　話は戻りますが，動物園に行った子どもたちは，なぜゾウの動きが見えた子と見えなかった子がいたのでしょうか？　このような，人それぞれの意識の働きに違いが起こるのはなぜでしょうか。その一つの要因として「情意」，つまり「こころもち」が考えられます。先のゾウを見た子どもたちの場合，ある子は興味，関心，好奇心という情意が働きつつゾウを見て，ある子はそれらの情意が働かなかったということが考えられます。ゾウを見た時に「なんて大きいのだろう」とか「鼻が手のように使えるなんてすごいなあ」といった驚きや感動が伴うかが非常に重要になるということです。

　繰り返しになりますが，ものをただ見せる体験だけでは観察になりません。

ノーベル物理学賞を受賞した朝永振一郎博士の「科学の花」という詩は大変有名ですが，この冒頭の「ふしぎだと思うこと」とは，すなわち「驚く心」ともいえましょう。驚く心を伴って見なければ，正しく見えるようにはならないのかもしれません。

表現運動では，多くの場合，子どもたちが日常でとらえた小さな驚きを題材

＜科学の花＞
ふしぎだと思うこと
これが科学の芽です
よく観察してたしかめ そして考えること
これが科学の茎です
そうして最後になぞがとける
これが科学の花です
（朝永振一郎）

（京都市青少年科学センター所蔵色紙より）

にしています。「そうめんがツルンとお箸から滑っていって水の中で泳いでいた」「台風はグルグル回りながらだんだん大きくなっていくことを学習した」など，日々の発見を表現してみることは，子どもの学びをより豊かにすることと思います。

（2） 教師にとっての観察とは

① 「クモが口から糸を出すなんて，間違いですよね……？」

ある小学校で1年生の授業を拝見しました。単元は「小さな生きもの」で，特に昆虫の動きが子どもから引き出されるように授業は展開されました。そこで，大変よく動いている男の子がいました。彼は，クモになっている様子でした。そして，「フーーー」と言いながら手を口元から前に押し出して口から糸を出すような動きをしました。授業後の討議で，そのクモを表現していた子どもの話になりました。授業者の先生が「クモが口から糸を出すなんて，間違いですよね……？ あれは，表現とはいえませんよね」と尋ねられました。確かに，正確にはクモは口から糸を出しません（腹部後端の出糸突起から糸を出します）。もし彼が，クモの糸は口から出ていると誤解しているのであれば，事実を伝える必要があるでしょう。しかし，この時の表現していた彼は，クモになりきっていたのです。先の，「正しく見る目」と矛盾するように聞こえるかもしれませんが，表現することは形態模写を正確に行うこととは異なります。学習者は，題

材の何をどのようにとらえたかが重要であると考えます。クモになった子どもは，クモが素早く糸を出すダイナミックな感じを表現したかったのだろうと思います。先生は，表現している対象物との酷似性よりも，その子が対象のどこをとらえたのかを観察する必要があります。

② 子どもがとらえた「善きもの」

例えば，二人の子どもがウサギを見た後に「ウサギになってみよう」と声をかけると，一人はウサギの耳を，一人はウサギの口元をとらえたとします。これは，その子たちがウサギのどこに強く印象をもったかで違いが出てきます。このことは，モースの述べる「威光模倣」として説明ができます（モース，1973）。威光模倣とは，同じ社会，文化に生活する目上の者や権威ある者の「善きもの」を自然に模倣してしまうことです。人は自分がとらえた「善きもの」と同一化しようとする意識があるといえます。子どもの一人はウサギの耳に愛らしさや美しさを，一人はウサギの口元にそのような「善きもの」をとらえ，無意識のうちに表現します。このように，一人ひとりの子どもがどこに驚きの心をもって「善きもの」をとらえたのかを，教師はその子の表現を見ることでわかることと思います。

③ 感じがある動きとは

文字が読めるようになった小さな子どもは，「お・じ・い・さ・ん・が・い・ま・し・た」というふうにたどたどしく文字を発音しながら読みます。しかし，だんだん大きくなると音読の様子が変わってきます。ただ，字面を追いかけるだけではなく，その子なりの解釈で口調に抑揚が出てきます。つまり，読んでいる文章に対して感情や情景を付加しながら表現できるようになります。このような音読の際にも，その子どもが心を込めて読んでいる時と，ただ字面を読んでいる時との違いは聞いているとわかるものです。つまり，その子が自分なりの心情やイメージを乗せて読もうとする時，読むという行為に「感じ」が出てきます。表現運動でも同じことがいえます。ただ動いている子と，動きに感じがある子の違いを，指導者は見極めたいものです。

難しいのは，ある子は感じがあって，ある子は感じがないというような単純

なものではないところです。同じ子の動きのなかにも感じがある時とない時があったり，少しだけ感じが出てきそうな子どもがいたりとさまざまです。元来，表現するのが得手の子もいれば，こだわりが強くうまく表現できない子もいます。だからこそ，教師にとっての観察が重要となります。小学校では，中学校・高等学校のように専科制ではありません。だからこそ，日々の子どもたちの小さな変化に気づくことができます。子どもの小さな変化を認識したら，その子の気づきや感じを込めた勇気をぜひとも賞賛していただきたいと思います。

(3) おわりに

　表現運動・ダンス領域は，ノンバーバル・コミュニケーションであるといわれています。それは，言葉を伝えるのではなく，〈からだ〉で伝えるためです。子どもと子ども，子どもと教師，教師と保護者……，すわなち，人と人が共に感動したり共感できるのは，それぞれ〈からだ〉が〈からだ〉を感じることができるからです。反対に，〈からだ〉が感じ得ることができなければ，コミュニケーションは難しいといえます。携帯電話等のメールには，汗をかいたり，涙が流れる絵文字が使われることがありますが，これもそのような感情を伴った〈からだ〉の体験があるからこそ成立します。また，満開の桜の下で感じ得る春風の暖かさや，夏山に沈む夕日を見ながら聞く虫の音など，〈からだ〉全体で感じる体験や経験を通して，人は心揺さぶられる素敵な感覚をもつのでしょう。

　本稿で考えてきた「観察」とは，子どもも教師も「正しくものを見る目」を養うことであるとまとめられます。そして，「見る」ということは，感じながら見なければならないのです。感じられる〈からだ〉の育成は，学ぶ〈からだ〉の育成でもあります。「表現運動」は，日々の過ごし方，学び方をとらえ直す領域ともいえるでしょう。

（寺山由美）

〈引用・参考文献〉
寺山由美，米澤麻佑子，宗宮悠子，大野ゆき（2012）「ベテラン指導者の指導技術を探る──『ダンス』指導時の事例から──」『体育科学系紀要』35：81-89
マルセル・モース著／有地亨他訳（1973）『社会学と人類学』弘文堂

2 「からだ」を大切にした「表現運動」の学習内容の考え方

(1) 子どもたちが抱えている問題

　子どものからだが何かおかしいという声が、保育や教育の現場から吹き出てきたのは1970年代中頃からといいます。1979年にはすでに「朝からあくび」「転んで手が出ない」などの報告がみられ、2000年には、「授業中、じっとしていない」「なんとなく保健室にくる」などの心と体に関する問題が、保育士や教師によって、より顕著に実感されるようになってきています（『子どものからだと心白書　2000』）。

　2008年に行った文献や小学校教員15名のブレインストーミングの調査からは、表4－1のような「気になる子」の事例が抽出されました。身体やコミュニケーション力にかかわる「気になる」具体的内容、その背景の一つである生活面での問題があげられ、遊びや日常生活の中でこれまで自然に受け継がれてきていた身体文化が途絶えてきているのではないかという危機感を感じさせます。

　鷲田（1998）は、「身体のもつ社会性の消失」を問題の一つにあげ、「わたしたちの身体はいま、二重の意味で、いのちの交通という、活きた身体にとってもっとも本質的な関係を解除されかけている」と指摘しています。他者との関係を欠いた、単体としての身体という意味と、自他の身体への認識の欠落という意味においてです。「じぶんの表情、外見、身体の全体像といったものの理解は、他人の視線や表情を鏡としてはじめて可能になる（略）他者の身体とのこうした相互浸透があるからこそ、自他の身体のあいだではさまざまな共振の現象もあるのである」と述べ、続けて、「表情が（したがってまた感情が）伝染したり、無意識で他人のしぐさを模倣したり、手をつないだり、いっしょに歌ったり踊ったり。だから最初の教育の場所である幼稚園でも、お歌やお遊戯など、対の、あるいは複数のひとのあいだではたらきだす相互的な身体性（略）の体験がたいせつにされる。が、学校に上がると、それがカリキュラムから徐々に外され

表4-1 文献調査・ブレインストーミングによる「気になる子」の行動（抜粋）

身体等	・眉毛や頭髪を引き抜く　　自傷行為 ・友だち，先生との距離がうまくつかめず，とても近い位置で話をする ・リズム，タイミングをはかる運動が苦手（縄跳びなど） ・バランスが悪い　友だちが遊んでいるところへ平気で入っていくので怪我をしたり，トラブルを起こしたりする ・表情に乏しい　　ボーッとしている　　常にそわそわして落ち着かない
コミュニケーション等	・人と交わることができない　　人との会話がかみ合わない ・対話中に目をそらし，相手を見ない　　目を見て話ができない ・順番を守れない　　発表や鉄棒などの順番が待てない ・けんかでは相手をとことん痛めつける　　暴力を振るう ・友だちの輪に入っていけない　　輪の中に入れず，傍観者のように遠くから見ていてそれで満足している　　一人遊びを好む ・キレやすい　　イライラしている　　気分の波が激しい ・声を張り上げた発言　　授業中に大声を出す ・母親の顔を見たとたん背筋が伸びる
生活等	・食べることが下手　　きれいな食べ方ができない（箸の使い方など） ・身だしなみをかまわない ・遅刻や欠席が多い　　寝坊が多い

てゆく」ことに言及しています。

　現象学の立場から身体をとらえてメルロ＝ポンティ（1967）が提言した「間身体性」や，市川（1975）が論じた「観ずる延長体としての身体」などを理論的背景として，観るという行為，外界（他者）との身体の交流を通して自己やその身体が確立していくという認識の重要性について，多くの人が主張しています。子どもたちがいま当面している，失われた「からだ」を取り戻す教育的働きかけが，重要になってきているといえるでしょう。そして，これらの現状や理論的背景を鑑みるとき，表現運動の意義と役割はよりいっそう大きいものがあると実感します。

　表現運動は，身体を素材として，生命のリズムを内包し，「表現」という外界（他者）とのかかわりの中で実践される運動であり，自ずと身体にかかわる多くの学習内容を含んでいます。村田（2010）は，ダンス学習でひらかれる六つの身体として，1)やさしく心地よいからだ，2)弾むからだ，3)他者とかかわり合うからだ，4)自由に感じ合って遊ぶからだ，5)変幻自在に変化するからだ，6)みん

なが違うからだ，をあげています。松本（1992）は，ダンス（表現運動）における身体の役割を，「より自由に動きうる身体運動の獲得としての身体技術の習得」と「観る-観られる関係の中に成立する表現体としての身体とその素因」の二つに大別しています。さらに，舞踊運動の構造化の段階，過程として，「単一の律動的な動きができる-いろいろな種類の簡単な律動的な動きができる-いろいろな種類の動きをみつけて順序よくつづけられる-動きのまとまりをつくり，反復できる」などをあげています（松本，1980）。

それでは，これらの論を踏まえて，「からだ」を大切にした表現運動の学習内容を，外界（他者）とレスポンスできる「からだ」という視座で，①リズミカルに動ける「からだ」，②即興で多様な動きを生み出せる「からだ」，③極限まで動ける「からだ」，④表現体になれる「からだ」の四つの観点からとらえ，具体的に考えていきたいと思います。

（2）「からだ」を大切にした表現運動の学習内容

外界（他者）とレスポンスできる「からだ」を考えるとき，大きく二つの要点があります。一つは，低学年の「まねっこ遊び」や中学年以降の「ミラーワーク」，それが発展した「対応した動き」などの他者とレスポンスできる「からだ」です。「ミラーワーク」のように実際に触れ合っての活動は，自分の「からだ」をより意識することになります。そして，もう一つは，外界の事物とのレスポンス，空間や時間へのレスポンスを通して「からだ」を意識させることです。

① リズミカルに動ける「からだ」——リズムを通して「からだ」を解放する

「スキップしている子はみんな笑顔」とはよく言われることですが，弾む体や弾む心を感じた子どもたちの「からだ」は，リズムを通して解放された状態になります。そのためには，まず，その楽しさを「感じる」ことが大切であり，自分のリズムで精いっぱい動ければよく，そうしているうちに，他者とリズムを合わせたり，異なるリズムに合わせたりすることに「気づく」ようになります。

初歩的段階（低学年）では，走ったり，スキップしたりなどの単一の全身運動で，音楽に乗って自由に動く楽しさを感じさせ，その上で，友だちとぶつからないよ

うに，いろいろな場所を，友だちと一緒に，などの課題を加えて動きに慣れさせます。位置感覚，距離感覚をからだで感じさせ，気づかせるようにするのです。

次に，「いろいろな種類の簡単な律動的な動きができる」ように図りますが，その原初は，「走る−止まる」などの運動と静止にあります。この連続は，興奮と抑制，緊張と弛緩という生理的な意味合いだけでなく，いろいろな姿勢で止まることによる身体意識の覚醒につながります。

あるまとまりが繰り返されることによって，人は生理的にも心理的にもリズムを感じるとされますが，表現運動の運動特性である「踊る・創る・観る」の中でも，「踊る」体験は，表現，リズムダンス，フォークダンスの三つの内容に共通する基本的な要素であり，動きを繰り返すことによって，「からだ」でリズムを感じるようにすることが大切です。繰り返されることによって「感じ」が「気づき」に変わる，換言すれば，繰り返しによってその動きが「からだ」に刻み込まれるのです。

因みに，クラーゲス(1994)は，タクト（拍子）とリズムを厳格に区別し，「タクトは反復し，リズムは更新する」と述べています。「リズムとは，普遍的な生命現象であり，—生物として当然，人間もそれに関わっている—，それに対して拍子は，人間のなす行為である」。リズムダンスは，タクト的な刻むリズムに特徴があり，表現は，流れるリズム（起点と終点をつなぐ「ひと流れ」の動き）を体得させるうえでより効果的といえます。

② 即興で多様な動きを生み出せる「からだ」——からだのデッサン

多様な動きを生み出す要素として，空間性（場所，高低など），時間性（遅速，連続と静止など），運動（回る，伸びる−縮むなど），人とのかかわりなどが指摘されています。「からだ」は，それぞれにかかわって学習内容となります。

からだのデッサンとしては，体のいろいろな部位を意識して動くことに気づかせたいと思います。例えば，「伸びる−縮む」では，手から，肘から，足先から伸びるというように。それに加えて，垂直に伸びる，水平に伸びるなどは空間性とかかわり，ゆっくり伸びる，素早く伸びるなどは時間性とかかわって，そこに表現感が生まれてきます。

③　極限まで動ける「からだ」——デフォルメと洗練化

　初歩的段階の子どもたちは躯幹が動かないといわれます。思いきり大きく伸び，思いきり小さく縮むという繰り返しでからだの変化を感じさせたいものです。ひねりを加えることによって動きは拡大し，また表現感はさらに高まります。例えば，鳥になって飛んだり，ジェットコースターで動いたりするとき，体を斜めにしたり，ひねって旋回したりすると，スピード感が生まれ，よりそれらしい表現になってきます。

　「止まる」動きは，「息も止める」「髪の毛も止める」という教師の言葉かけによって，子どもたちのからだに印象づけられます。「伸びる-縮む」や「走る-止まる」などの極から極への動きは，デフォルメやメリハリの感じをつかませ，洗練化への気づきとなります。

④　表現体になれる「からだ」——とらえる・あらわす・まとめる

　ザリガニを育てた子の表現は，そうでない子と明らかに違います。多くの子はザリガニというと両手をチョキにして動きますが，ザリガニを育てた子の表現は，ヒュッと後方に跳び退く印象的な動きになります。驚きの感動（感じ）が，そのような動き（気づき）につながるのです。表現体になれる「からだ」をもつには，よく観ること，自然を体まるごとで感得する（とらえる）ことにほかなりません。

　また，表現体になれるきっかけ（感じや気づき）は，教師の言葉かけにあります。例えば，雪降りの表現の場面でかけられる「空のずっと上の方から雪がふってきたよ。チラチラ，チラチラふってきたよ。地面に吸い込まれるようにとけていくよ」などの言葉は，からだと心に働きかけるよい言葉かけといえます。そのためには，教師自身が表現体であるべきといえるでしょう。

　進んだ段階（高学年）では，「見る」という行為，視線を大切にした動きを体感させることによって表現感を高めますが，目だけで見るのではなく，体全身で見るようにさせると心が動きます。頭で見る，足先で見るなど，体の部位を強調させて，表現の幅を広げていくことも大切です。

　さて，このような学習を支援するものとして，音楽，掲示物などがあげられ

ます。新聞紙などの物を使っての学習は，動きを広げ，深めることを容易にします。例えば，飛ばされた新聞紙が床に落ちるまでの「ひと流れ」の動きを即座に真似することは，これまで述べてきた学習内容を網羅しているといっても過言ではありません。

　もう20年以上前になりますが，小学校での表現運動の授業研究を始めたころ観察した，「風と遊ぼう」という授業が今でも心に残っています。ウォームアップで先生が言葉かけをし，いろいろな速さで走ったり，いろいろな格好で止まったりした後，その発展として，「今度はどこかにくっついて止まる……床でも，壁でも，人でもいいよ」という指示をしたとき，ある子が両手を大きく抱え込むようにして，止まったのです。「自分にくっついたの？」という先生の問いかけに，その子が答えました。「ううん，違う。空気！」……子どもの想像（創造）は，教師の指導を遙かに超えることがあるのだと気づかされた瞬間でした。授業観察記録には，指導者の「あっ，○○くん，ほら，工夫したでしょう，○○くんがぁ」という言葉かけと，その反応として，「○○くんがにっこりと笑う」とあります。多動性の傾向がある男の子でした。

　表現運動の授業を受けた教員養成課程の男子学生が，次のような感想を述べています。──一瞬でもいいから現実とは違う世界へ，気持ちを解き放つ時間を与えられたら，とても素敵な授業であり，そうすべきと考えるから──。

　子どもたちとつくりあげる至福の時間を，一人でも多くの先生が体験されることを願っています。

〈引用・参考文献〉
正木健雄（1986）『子どもの心と体をはぐくむ食生活（上）』同時代社
鷲田清一（1998）『悲鳴をあげる身体』ＰＨＰ研究所
メルロ＝ポンティ著／竹内芳郎・小木貞孝訳（1967）『知覚の現象学』みすず書房
市川浩（1975）『精神としての身体』勁草書房
松本千代栄（1980）『ダンス表現　学習指導全書』大修館書店
松本千代栄（1992）『ダンスの教育学　第１巻　ダンス教育の原論』徳間書店
村田芳子（2010）『ダンス学習によって拓かれる身体―ダンス教育の立場から―』日本教育大学協会全国保健体育・保健研究部門第30回全国創作舞踊研究発表会シンポジウム「未来につなぐ身体」

（茅野理子）

舞踊教育研究会編（1991）『舞踊学講義』大修館書店
ルートヴィヒ・クラーゲス著／杉浦實訳（1994）『リズムの本質』みすず書房

ちょっと一息

ダンスとジェンダー

「さあ，来週からダンスの授業ですよ」「えー。何で男がダンスをやらなきゃいけないのー？」と，中学1年生の体育でそんな声が聞かれたのは，はるか10年以上も前のことです。私の学校のカリキュラムの中で，当たり前のように男女ともにダンスも武道も学ぶようになり20年以上たちました。今では，個々に好き嫌いや得意不得意はあっても，種目に男子向き，女子向きという考えをもつ生徒は，ほとんどいないようです。

悩みの種は，大人の方です。長い間，学校の体育では，武道は男子が，ダンスは女子が学習することになっていました。ほとんどの男性教師は学生時代にダンスを学習した経験がなく，女性教師は武道を学習しないできたのです。男性には強い筋力や強い精神力を，女性には柔軟性や表現力を求めてきた社会の中で育まれた性差の意識…ジェンダー…の影響を受けてきたといえます。私自身，初めて，男子にダンスを教えることになった時，特殊な感じや不安をもっていました。男子にはダイナミックな動きを要求し，そのことで自信をもたせようとする言葉かけをしがちでした。今は，ダイナミックな表現は男女にかかわらずすべての子どもたちに要求します。どんな表現が生まれるかは，男女差というよりは個性の差だと理解しています。

学校では，私たち教員が意識せずに子どもたちにジェンダー意識を植えつけてしまうことがあると指摘されています。知らず知らず「男子なんだからもっと高く跳ぼうよ」なんて励まし方をしていませんか？　ダンスの指導は女性教師がするものだ，と決めつけていませんか？　表現運動で大切なのは，子ども一人ひとりのきらっと光る表現を引き出すことです。女性教師の指導を見て「あんな言葉かけできないよ」という男性教師もいますが，自分の言葉でいいのです。教師も自分自身の個性を生かして，子どもの表現力を育てたいものです。

(宮本乙女)

3 表現運動における運動のおもしろさ

　表現運動における運動のおもしろさについて，大きく三つの視点から，考えていきたいと思います。第一の視点は，表現運動における運動の特質にかかわるおもしろさです。第二には，表現運動を行う自分自身の「感じ」や「気づき」のおもしろさです。そして第三に，表現運動によって他者とかかわり合い，他者を「感じ」，他者に「気づく」ことができるおもしろさです。この表現運動のおもしろさを「感じ」「気づく」ためのポイントについても少し述べていきます。さらに，実際に授業を行う際には，これら三つの視点が交じり合い，自分自身と他者との往還によって互いに影響し合い，表現運動のおもしろさをより複層的に構成していると考えられます。

(1) 表現運動における運動の特質

① 独創的なアイデア──「どれも正解」のおもしろさ

　表現運動が他のスポーツ競技や運動と大きく異なる点は，勝ち負けではなく，独創的なアイデアや豊かな表現力がポイントになることでしょう。
　例えば，幼い子どもたちと「ゾウになろう」という表現運動をした時のことです。多くの子どもは片手を長い鼻に見立てて，ぶらぶらと横に振りながら，少し腰を曲げてゆっくりゆっくり歩き回っていました。しかしAさんは大きく伸び上がって，腕を上に伸ばし，くるくると自分の体幹に引き寄せてから，次に腕をパタパタとした後，全身でぶるぶる振り，背中のハエを追い払う様子を表現し，誰も思いつかなかった動きでゾウを表現しました。じつは，Aさんは父親の仕事の関係で長くインドで生活し，他の子どもたちに比べ，ゾウを見て，触れて，乗って，多くの直接的な体験がありました。
　豊かに表現するためには，表したいもののイメージをどれだけ多くもってい

るかが，その子どもなりの表現を導き出すためにはとても大切なことです。そういう意味では，自分が今生きるこの世界のさまざまなことに興味をもち，自然の美しさを感じたり，多様な生き物のおもしろい動きに気づいたりしてイメージを蓄積することも，自分の表現を豊かにする土壌となります。この点について，ヴァレリー（1921）は「〈舞踏〉が，生命そのものから引き出された芸術」と指摘しています。つまり，表現運動は生きること，生活していること，体験していることと直接かかわり，まさにその人の全存在を投じて表現することになります。そして，表現運動において，正解は一つではありません。表したいものをどのようにイメージし，そのイメージを表すために自分らしい動きを発見し，工夫したのか，そこにおもしろさが生まれます。

② 動きのデフォルメ――ありえないことが実現できるおもしろさ

日常の動作と表現運動の差はどこにあるのでしょうか？ 言葉によらない表現，身体の動きで表現するので，大げさな動きで表現します。指導言語では「大げさの3乗！」などの言葉かけをします。日常生活では，腕を真上に上げたり，足を高くキックしたり，くるくる回ったりすることは少ないでしょう。

『小学校学習指導要領解説 体育編』の例示で取り上げられているスポーツについて，考えてみましょう。日常のスポーツ場面では，ホームランを打つことも，アタックをかっこよく決めることも難しいことです。しかし，表現運動では自由にできるのです。何度も名シーンの動きを反復することで強調したり，友だち数人に持ち上げてもらって，大きく高いジャンプをスローモーションで決定的瞬間として表現したりもできます。こうした現実にはありえない運動を，非現実の表現世界で工夫することで，忍者や探検隊，スポーツ選手やヒーローにもなりきることができます。現実にはなかなかなれないものにも，表現運動であれば，すぐに変身することができ，いろいろな動きをおもしろいと感じる瞬間が体験できるわけです。

③ 動きの表現性――イメージを伝えるおもしろさ

動きを音符のように表そうと，舞踊記譜法を考案したラバンは，人間のあらゆる動きを分析し，「エフォート理論（Effort）」を確立しました（Laban, R.,

1950)。この「エフォート理論」とは，動きを「重さ」「時間」「空間」「流れ」の4要素より分析し，これらの要素の組み合わせによって表現性が現れるとした理論です。

例えば，花吹雪であれば，重さは軽く，時間は持続的で，空間は曲線，流れは自由な流れを選択することにより，小さな花びらがひらひらと舞う動きが生まれ，花吹雪のように見えてきます。

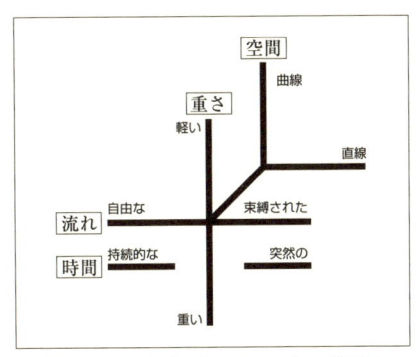

図4-1　ラバンのエフォート・グラフ

また，稲妻を表現しようとするならば，重さは軽く，時間は突然の，空間は直線，そして束縛された流れによって，空間を鋭く切るような素早い動きが生み出されるわけです。

この「エフォート理論」はその後，後継者によって改良が加えられラバン理論とされるようになり，動きの要素は「身体・アクション」「ダイナミクス」「空間性」「関係性」の4要素にまとめられました。つまり，これまでの「重さ」「時間」「流れ」は「ダイナミクス」に包括され，「身体・アクション」要素として身体性が強調され，さらに人間同士の「関係性」が重要な要素として認識されるようになっています。指導の際に，このような動きの要素は，表現したい動きを考える手だてとなるでしょう。

(2) 表現運動を行う自分自身の「感じ」や「気づき」

① 極限的な動きへの挑戦──自由なからだを獲得するおもしろさ

表現運動の美しさは，極限的な身体の使い方をしたところにあります。身体表現の運動は瞬間に消えていくものです。美術では作品として形が残りますが，表現運動は瞬間に消えていってしまう芸術です。肉体の限界の張りつめた緊張の中に，美しい瞬間，心に残る瞬間が，時空間の中に生起するのです。

写真4-1は大学生の卒業作品の一コマです。トレーニングを積んだからだ

は，時空間にこんなに素晴らしい瞬間を刻むことができます。体操や陸上競技，すべてのスポーツにおいて，鍛え抜かれた身体から生み出される瞬間の美しさが存在します。しかし，他のスポーツ競技では，時空間にどんな軌跡やフォルムを残すかが目的ではありません。時空間の優れたフォームは，より速く，より遠く，より複雑で精緻な結果を残すための手段にすぎません。しかし，表現運動においては，まさにその時空間にどのようなフォルムを生み出すのか，そこが目的になります。そのためにダンサーは日夜トレーニングを積み，思いどおりに時空間を使える

写真4-1 空中での瞬間
（写真：竹内里摩子）

ことを目指しているのです。身体表現運動のおもしろさは，時空間に自在に自分の身体によって描き出せるところにもあるでしょう。

子どもたちへ指導する時には，「体が少し痛いくらいひねって止まろう」「自分がいっぱい伸ばしたと思うところの1m先まで伸ばそう」など，日常の身体から極限の表現世界に向け，言葉かけによる指導で導いていきましょう。

② 自分のからだとの対話——新しい自分と出あうおもしろさ

表現運動では，新しい自分との出あいが多く生まれます。人前で表現するのが苦手だと思っていた学生が，表現運動によって心と体が解放され，素敵な身体表現の発表を楽しんでいることも多く見られます。そのためには，恥ずかしがってこもっている殻を打ち破り，自分の身体を思いきり動かしてみることがとても重要です。

表現運動につながる「体ほぐしの運動」で，よく新聞紙のキャッチボールを行います。2人組になり，一人が1枚の新聞紙を開いてふわっと投げながら，「右の足首」「頭のてっぺん」など，身体部位を指示します。もう一人は指示された身体部位で新聞紙をキャッチするようにがんばります。すると，受け止めようと思わず足を高く上げたり，床にスライディングしたり，くるくる回ったりします。思わず夢中になって，新聞紙を自分の身体で受け止めようと奮闘する間，

自分が「こんな動きもできるのだ」と発見の連続です。

　動きながら考え，即興的に動いてみることで，次々に新しい動きが創造されていくおもしろさがあります。

(3) 表現運動による他者とのかかわり合い

① リズムに乗って——他者と感じ合うおもしろさ

　野球の応援で「稲葉ジャンプ」をご存知ですか？　日本ハムファイターズの稲葉選手が登場する時，札幌ドームではファンの皆さんはジャンプして彼の打席を迎えます。ドーム全体が縦に揺れます。同じリズムに乗ると，一体感が生まれます。こうした感覚を学習の中で簡単に得られるのが，表現運動，特にリズム遊び，リズムダンスです。リズムに乗って弾んでいると，心も自然に解放されていきます。

　躍り上がって喜ぶのは人間のごく自然な表現です。うれしい表現は上下のリズムを伴う跳躍運動に代表することができます。まさに心と体が一体となって，喜びが自然に身体の動きとしてあふれてきたといえるでしょう。

　また，リズムに合わせて体を上下に弾ませていくと，自然に心が明るく晴れわたっていきます。友だちと向かい合い，リズムに乗って一緒に自由に弾み，踊っていると，クラス全体が笑顔で包まれます。それは，他者と動きを通して共感しあうおもしろさに「気づく」時でもあるのです。

写真4-2　クラス全員で弾んで踊る

② 共創——友だちとダンスを創りだすおもしろさ

　表現運動は，何もないところから，身体による動きを媒体にしてダンスを創造していきます。以前は，テーマを決め，曲を決め，それから少しずつ動いてみるという創作過程を経ることが多くありました。運動のはずが，1時間ずっと座ったまま話し合っているようなケースです。現在は，創作する場合でも，

即興的に動きながら，人とかかわり合って，ダンスを創作していくことが求められています。つまり，動きで応答し合い，相手を感じ，理解し，共創していきます。応答的な動きによるやりとりによって，自分では意図しなかったようなおもしろい動きが創られ，簡単な「ひと流れ」になり，「はじめ-なか-おわり」の続け方を考え，「ひとまとまり」の表現に展開していくのです。そこには互いの意見を尊重し合い，創りあげていくおもしろさが存在します。　　　（髙野牧子）

〈引用・参考文献〉

Laban, Rudolf von (1950) *The Mastery of Movement*, 神沢和夫訳 (1985) 『身体運動の習得』白水社

ヴァレリー，P. 清水徹訳 (1921) 『魂と舞踏』 岩波文庫

村田芳子 他 (2011)「小学校の表現運動における単元計画立案の考え方」『女子体育』vol.53-8・9, pp.6-42

4　表現運動における教師の役割

(1)　踊りのイメージがひろがる指導計画をつくる教師

　表現運動系の領域には，「表現」「リズムダンス」「フォークダンス」といった内容がありますが，体育の授業の中での子どもたちの「動き」をもっともイメージしやすいのは「フォークダンス」ではないでしょうか。なぜなら，「フォークダンス」は，「特定の踊り方を再現して踊る定形の学習で進められる」特徴をもち，目に見える「踊り方」がすでにあり，その踊りは，いつでも，どこでも，誰にでも再現できるよさをもっているからです。日本の民踊だけでなく，外国のフォークダンスまでもが日本の教科体育の学習内容に位置付けられているのは，「世界の文化にふれる」というねらい以上に，踊りそのもののわかりやすさや取り組みやすさと，仲間と踊る一体感を確実に味わうことができるという効果的な特性が備わっているからだと思います。

　では，「表現」や「リズムダンス」の「動き」のイメージはどうでしょうか。表現運動の研究を深め，積極的に授業に取り組んでいる先生であれば，さまざまなイメージが浮かんでくると思います。しかし，経験の浅い先生や「表現運動は運動会の演技種目として取り組むことが多い」という先生が「表現」や「リズムダンス」の単元学習に取り組むとき，子どもたちにどんな「動き」を行わせればよいのかわからないという問題点が現れてくると思います。これには，「踊る」という「動き」に多様性があるからという理由だけでなく，おそらく，私たち教師自身の「踊る」という運動経験の不足や，身体で表現することへの恥ずかしさといったことも大きく影響しているように感じます。

　しかし，このような表現運動系の学びに対するイメージ不足と思われる状況は，子どもたちにもあてはまるものであると思います。授業開始前には「表現運動って何をやるんだろう？」と不安に感じたり，踊ることへの恥ずかしさが

ぬぐいきれないまま表現運動の学習を終えてしまったりする子どもは少なくないのではないでしょうか。心と体を一体としてとらえる教科体育を考えれば，その主要領域となるべき表現運動が，子どもたちにとってぼんやりとした存在となってしまっては非常に残念です。「先生，いつから表現運動やるの？」と子どもたちが心待ちにするような状況をつくりだしたいものです。

そこでまず，私たち教師には，それぞれの踊りのよさを子どもたちが感じ，踊るおもしろさに気づけるような授業が，各学年で毎年繰り返し実践できるような指導計画を，多くの教師の知恵を出し合いながら学校の実態に応じて作成することが求められるでしょう。他の先生方との協働により作成した計画をよりどころとすることで，学級の児童の実態に応じた授業を着実に展開していくことができるでしょう。また，その指導計画への理解を実践のベースとすることで，イメージしづらい「動き」をできるだけイメージしつつ，目の前の子どもたちの「踊り」を柔軟に見とり，その動きをよりダイナミックにひろげていく手だてを講じることもできるようになると考えます。

（2） 動きのおもしろさをひろげる教師

では具体的に，子どもたちの「踊り」をどのようにひろげていくことができるのでしょうか。

子どもたちは，表現のテーマや音楽のリズムを手がかりに，自分なりに感じたまま即興で体を動かすことから踊りの世界に入り込んでいきます。もちろん，恥ずかしさや，どうやって動けばよいのかわからないといった理由から，簡単に踊り始めることができない子どもたちもいることでしょう。しかし，そういった状況も含めて，クラス全体で踊る雰囲気を醸成していくことはできると思います。一人ではなく仲間と一緒に踊っている，笑顔で踊る友だちがいるという雰囲気が，動けない子の体を，少しずつ踊れる体にしていくこともあると思います。教師が，心を解放して元気に踊る子を称賛したり，「その子のまねをしてみよう，グループをつくって踊ってみよう」と促したりすることで，踊る雰囲気をさらに高めることもできるでしょう。

しかし，雰囲気が高まり，自分が感じたことを体で表現するおもしろさを感じることはできても，体をこれ以上動かせないというほど目いっぱい使って表現したり，自分が考えつかない動きをできるようにし，動きをひろげたりする表現運動特有のおもしろさに気づけないまま，授業が進んでしまうこともあります。子どもたちが，表現運動のもつ動きのおもしろさをしっかりと味わい，自分たちの踊りをさらに豊かなものにしていきたいとき，村田が述べる，「4つのくずし」は大いに参考になります。

「4つのくずし」は表4-2のように説明されています。教師としては，単調な子どもたちの踊りの可能性をひろげる視点として利用することができますし，子どもたちにとっては，自分たちの動きのよさや，仲間の踊りのよさを見つけるヒントとして活用することもできます。

このような動きが見られると，より「踊り」らしく見えてくるというのが「4つのくずし」の意義であり，あらかじめ「4つのくずし」ができるようになることを目指して授業を行うといった性格のものではありません。子どもたちの踊る感じや，踊ってみたことによって気づいたことを大切にし，それらをクラス全体で共有し

表4-2　4つのくずし

○空間のくずし……方向や場の使い方をいろいろ変えてみる。
・人のいない所へ，自分の居場所をつくらない。
・正面をつくらない，空間をかき回すように。
・「ハマチの養殖状態」（人の後をついていく）からの脱皮。
○身体のくずし……ねじったり，回ったり，跳んだり，身体の状態をいろいろ変えてみる。
・見たこともない動きで，通ったこともない経路で。
・体を極限に置いてみると非日常的でユニークな動きになる。
・「木立状態」（体が棒立ち状態）からの脱皮。
○リズムのくずし……すばやく，ゆっくり，急に止まるなどリズムや速さを変えてみる。
・リズムくずしは表現的な動きへの近道。
・規則的な動きから不規則な動きへ。
・ときどきすばやい動きを入れると動きが生き返り，変化が生まれる。
・動きに差をつけよう。中程度の動きから対極の動きへ。
○人間関係のくずし……模倣，かけ合い，コントラストなど他者とのかかわり方をいろいろ変えてみる。
・2人組の関係を中心に，群の動きへ。
・離れたり，くっついたり，くぐり抜けたり，リフトしたり，1人ではできない動きを入れると動きが立体的になる。

(出典：『体育の科学』Vol 53, No.1, 2003年)

ながら授業を進める中で，気がついたら「4つのくずし」が立ち現れるようになっていたという実践を行ってみたいものです。

(3) 仲間と踊るおもしろさに気づかせる教師

表現運動系の領域では，だれとでも仲よく踊ったり，友だちと励まし合ったり，助け合ったりしながら練習や発表，交流をしたりすることが学習内容となっており，他者とのかかわりが特に重視されているといえます。したがって教師は，テーマやリズム，音楽を媒介にしながら仲間と踊るおもしろさに子どもたちが気づける以下のような手だてを講じてみるとよいでしょう。

① ペアで踊る

まずは，1人で即興的に踊るということからスタートし，活動が飽和してきたころを見計らい，ペアで向かい合って，まねし合いながら踊ってみます。まず向かい合うことで笑顔になり，自分では思いつかない相手の動きに驚き，まねすることで動きがシンクロする心地よさを感じることができるでしょう。

② 4人程度のグループで踊る

二つのペアを一つにすることで，いろいろなアイデアにふれられるようにします。1列に並び，先頭になった者の動きをまねしながら体育館中を動き回ったり，全員が向かい合って，リーダーの動きをまねしたり，2対2に分かれての対決場面を表現したりと，豊かな活動を生み出すことができます。即興的な踊りから，徐々にグループのこだわりのある踊りへと深めていけるとよいでしょう。

③ ワークショップで踊る

グループで踊り深めたものを発表会的に行い，観て学ぶ，観られて学ぶという方法もありますが，ここでは参加体験型の交流会（ワークショップ）をお勧めします。グループのこだわりがつまった踊りを一緒に体験し，観ているだけではわからない踊った感じについて意見交換ができるとよいでしょう。他のグループのよさを自分たちの踊りに取り入れたり，各グループのおもしろい動きをつなげてクラス全員で「簡単なひとまとまりの表現」をしたりすることもで

きるかもしれません。

（4） 子どもたちと一緒に踊る教師

　授業における教師の役割について考えてきましたが，実際には常に子どもたちとリズムを合わせたり，表現の仕方をひろげたりしようとする"踊る教師の姿"を念頭に置きながら述べてきました。それは，教師も子どもたちと共に踊りの世界に入り込み（すなわち踊ることで），そのおもしろさを体感し，子どもたちと共有することが授業づくりに大いに生かされると考えるからです。

　例えば，ロックの曲に合わせて両足で跳びはねながら手拍子をしている子どもと同じ動きをしてみると，耳慣れた心地よいリズムを体全体で感じることができます。しかし，しばらく続けているとものたりなくなってきたり，疲れてきたりします。ものたりなく感じたときは，体を回転させたり，跳びはねながら場所を移動したりすることで，子どもの動きをひろげることができます。疲れてきたら動きのテンポを落として"ボックス"を踏むと，子どもたちは教師が行う新たな動きに新鮮さを感じ挑戦しようとするでしょう。

　このように，踊る感じへの共感をもとにして教師自身の身体を用いた子どもの動きをひろげる手だては，一緒に踊ることで成立し，子どもの共感も得やすいものとなるでしょう。そもそも，子どもだけが踊り，教師が外側から「もっとこうしよう！」などと声をかけても，踊る感じを共有していない分，子どもたちの"踊らされている感"は高まってしまうと考えます。教師が，踊りが上手いか下手かではなく，踊りの世界に共にいるか，いないかが子どもたちにとっては重要なことなのではないでしょうか。

（5） フォークダンスの授業における教師

　冒頭では，踊りの形があるので，教師がその動きを子どもたちに教え，再現させるというような授業の中身をイメージしやすい内容としてフォークダンスを示しました。型があるということは，その型をある程度身に付けさせ踊れるようにしたり，楽しみ方をひろげるという意味で複数の日本の民踊や外国のフ

ォークダンスに取り組めるようにしたりすることも必要なことでしょう。問題はその方法です。林間学校や運動会を盛り上げる手段として踊り方だけを子どもたちに身に付けさせようとする指導にならないようにすることが大事です。なぜなら，日本の民踊や外国のフォークダンスの多くは，長い間多くの人々によって踊り継がれてきたものであり，それぞれの踊りに先人の思いが豊かに込められている価値あるものだからです。教師は，子どもたちにその価値を感じさせ，形をそろえて集団で踊るおもしろさに気づかせる手だてを次のように講じていくとよいでしょう。

　まずは踊り方を知らせます。教師の演示や映像を用いて音楽と動きを子どもたちに知らせ，繰り返し踊る中で，動きのおもしろさや仲間と踊りをそろえる感じをしっかりと味わえるとよいでしょう。

　次に，それぞれの「フォークダンス」のもつ意味に気づかせます。例えば，「マイム・マイムは，荒地に水が湧き出た喜びを表したダンスである」ということや，「ソーラン節は，昔のニシン漁での漁師さんの動きを表している」ということを子どもたちが知れば，「喜びを表現する軽やかなステップ」や「重たい網を引っ張る力強い踏み込み」といった工夫のある動きに取り組もうとします。子どもの気づきに伴う動きの変化をしっかりと見取り，意味づけてあげることで，子どもたちの踊る意欲が高まり，自分たちなりの動きの工夫をさらに進めようとするでしょう。

　工夫された動きをみんなで共有すれば，型はあるけど型にはまらない，クラスでつくりあげた"みんなのフォークダンス"が生まれるはずです。　　（山崎大志）

〈引用・参考文献〉
文部科学省（2008）『小学校学習指導要領解説 体育編』東洋館出版社
村田芳子（2003）「表現運動からみた動作の評価」『体育の科学』第53巻1号
中野民夫（2001）『ワークショップ——新しい学びと創造の場』岩波書店

5 「体」が踊るから,「身体」が踊る…へ
―― 表現における「よい動き」を引き出すには

(1) 「身体」が踊る

　その手に何をつかもうとしているのか。肋骨が浮いて見えるほど,手を思いきり空に向かって伸ばし,彼方を見つめる男の子。

　ちらっ,ちらちらっと降る雪の様子を,つま先立ちの細かいステップと手の繊細な動きで,いとおしそうに表現する女の子。

　踊る「身体」に命がきらめく。子どもの精いっぱいの表現や動きを見るとき,まさに「生」を感じて,はっとさせられる瞬間があります。

　「踊る」とは,ただ「体」を動かすことではありません。

　まさに,心と体が一体となって,表現の世界に心身を投じて精いっぱいそこに在ること。その様が見る者の心を打ち,何かを伝え訴える力をもつ,それが踊ること,すなわち「身体」が踊るということなのです。

　学習指導要領では,表現運動の特性を「自己の心身を解き放して,リズムやイメージの世界に没入してなりきって踊ることが楽しい運動である」と説明していますが,「没入してなりきる」ことこそまさに「身体」が踊る醍醐味を表した言葉といえるでしょう。

　子どもたちに「身体」が踊る醍醐味を味わわせるには,まず「体」を大きく思いきり動かせて「体」を非日常に変え,「よい動き」で踊る経験をさせることが大切です。本節では,「表現」を取り上げて説明しましょう。

(2) 体が変われば心も変わる！ 体が踊れば心も躍る！

① 体を変える最強の教材「新聞紙」

　次は,「表現」に初めて挑戦した男の子が授業後に書いた感想です。

　新聞紙を使った表現では,まず教師が新聞紙をいろいろに動かして,子ども

がその新聞紙になって動く。次に2～3人組になって，新聞紙を動かす人と新聞紙になる人に分かれて動く，という活動をよく行います。

> 　今日，新聞紙になった。相手のNさんが楽しそうに，僕をちぎっては投げ，ちぎっては投げしていた。この日，新聞紙になってみて初めて何か，<u>ふっきれた気</u>がする。新聞紙はなかなかてごわい。<u>絶対できっこない動き</u>をいかにして表現するかが大きなポイントなのだ。なのに，<u>マネできるはずない</u>のになぜか<u>体は動いてしまう</u>。そんな不思議さがあった。
> 　　　　　　　　　　　　　　　　　　　　　　　　（村田，1998，下線は筆者）

　高く飛ばす，ぎゅーっとねじる，空気をはらんでふわりゆらゆら移動する，震わす，ふわりと落とす，真ん中をつまむ，丸める，遠くに投げる，ばーんと壁に張りつける……。

　目の前で変幻自在に姿を変える新聞紙に即座に反応して動くので，初心者でも動きやすく，いつの間にか，ふだんやらないようなさまざまな動きを発見し，非日常の身体感覚のおもしろさに夢中にさせられてしまいます。

　「新聞紙」以外の教材で，最初からこれだけさまざまな質感の動きで子どもたちを動かすことはなかなかできません。「絶対できっこない」「マネできるはずない」のに，「なぜか体は動いてしまう」。そして，「ふっきれた」と感じるまでに踊らせることができる，ここに新聞紙の教材としての力（魅力）があります。

　「初心者こそ，パワー全開！」といいますが，このようにまず体を大きく動かせ，いつの間にか「身体」を日常から離脱させ，非日常の状態に変えてしまうことが，心も体も没入して「踊る」体験に初心者を導く近道なのです。

　これは，低学年の最初の学習でも同様です。

② 低学年の題材「身近な動物」より──小鳥の表現

　例えば，「小鳥」を例にとりあげて皆で即興表現をするときに，「小鳥さんになってみよう」と教師が子どもたちに言うだけでは，両腕で羽ばたくか，手でくちばしの形をつくって歩く子どもがほとんどでしょう。外側から見た小鳥の形の振りをしているだけで，それ以上の動きにはなかなか発展せず，子どもの体もいわゆる突っ立った「木立状態」で，心もいつもの自分のままです。では，

どうしたらよいのでしょう？

『学習指導要領解説』では，次のように動きを例示しています。

> - いろいろな<u>題材の特徴や様子</u>を「○○が○○しているところ」（サルが木登りをしているところ，小鳥がえさをついばんでいるところ，カマキリが敵と戦っているところなど）のような<u>具体的な動き</u>でとらえ，跳ぶ，回る，ねじる，這う，素早く走るなど，<u>全身の動き</u>に<u>高・低の差や速さの変化</u>をつけて即興的に踊ること。
> - 動きの中に「大変！ ○○だ」（池に落ちた，サメが襲ってくるなど）のような<u>急変する場面</u>を入れて簡単な話にして<u>続けて</u>踊ること。
>
> （文部科学省，2008，下線は筆者）

実際，熟練した教師は，巧みな言葉かけで，題材のイメージと絡めて子どもの体をさまざまに変容させていきます。

「卵にな〜れ」（小さく体を丸める），「殻を突いて，生まれるよ！」（手や足で突く，殻から大きく跳び出す），「えさを食べる」（腕で大きくえさを集めて口に入れる），「跳ぶ練習をする，失敗！」（両腕を広げて広いスペースを走る，すてんと転がる），「くるっと回ってみる」（『ダンスの教育学』第7巻ビデオ「小鳥の親子」より）。

まさに，小鳥のいろいろな特徴や様子を，いろいろな種類の動きで次々に具体的に表現させていることがわかります。このように全身で大げさに表現し，体が変わることで心も変わり，子どもたちは小鳥に「なる（変身する）」のです。

『解説』にあげられている，「跳ぶ，回る，ねじる，這う，素早く走る」などの高・低の差や速さの変化をつけた全身の動きはすべて，突っ立った状態の日常の体を非日常に変える大きな動きです。

また，『解説』には，「『大変！ ○○だ』のような急変する場面」を入れて，「続けて踊ること」とも示されています。例えば「ライオンが来た！」の一言で，思い思いに動物の表現をしていた子どもたちは逃げたり隠れたり，すぐさま反応するでしょう。それはまさに心と体が結びつき「本気」になった瞬間といえます。急変する場面を入れて続けて踊ることで，子どもたちは変化とメリハリのついた動きやなりきって踊ることの楽しさを心と体で感じ，学ぶでしょう。

すぐになりきることができる低学年のうちにこそ、教師のリードで、「身体」で踊る感覚を十分体験させて覚えさせ、心身を投じて没入して踊るところに表現の醍醐味があること、それには全身でいろいろな動きを大げさに、変化をつけて表現し、なりきって続けて踊るとよいという「よい動き」の原則を理屈ではなく身体でつかませ、中学年以降の学習につなげていくことが大切です。

（3）「よい動き」を引き出す10の観点

「表現」は一人ひとりが自由に表現するところに特性や楽しさがあり、同じ題材やテーマでもさまざまなイメージのとらえ方や動きが生まれますが、上であげた、全身の動き、誇張、変化、連続といった技能のように、「よい動き」と評価できる動きには共通の原則があります。

「表現」の学習では、これらの基本的な技能（すなわち、踊る醍醐味を味わわせてくれる技能）を低学年のうちから繰り返し学習し、学年が上がり、経験が深まるにつれてその質を高めていくところに特徴があります。

「よい動き」の原則は、次ページの表4-3のように10の観点にまとめられます。

注意すべき点は、どのようなイメージをとらえて表現するかによって、イメージにふさわしい「よい動き」は変わることです。

例えば、同じ「跳ぶ」という動きでも、《嵐》を表現する子どもは渦を巻くように走り大きくジャンプして転がるなどダイナミックに表現するかもしれません。それに対し、《そよ風》を表現する子どもはゆるやかな曲線を描いて走り、ふわっと音もなく跳ぶかもしれません。すなわち、全身を使って大げさに表現し、動きをスムーズに連続させてなりきって踊るという技能は共通ですが、「動きの変化」にかかわる⑤から⑧の観点（表4-3参照）については、イメージにふさわしく動きに変化がつけられているかという視点で動きを見る（指導・評価する）ことが必要になります。

熟練した教師は、子どもの動きに応じて、10の観点から幅広く具体的にアドバイスできるのに対し、指導経験が少ない教師は動きを見る観点に偏りがあり、

表4-3 「よい動き」を引き出す10の観点 (細川・佐藤・宮本〔2005〕を基に，細川が一部改訂)

イメージ	①	表したいイメージにふさわしい動きを見つけ，工夫することができる。
	②	感じを込めてなりきって踊ることができる。
身体	③	頭や指先まで意識し，全身を使って踊ることができる。 視線を定めて踊ることができる。
動きの大きさ	④	極限（極大-極小）まで大きく動くことができる。
動きの変化	⑤	〈空間-体幹〉跳んだり転がったり伏せたりという高低の変化，ひねり，面の変化，回転などいろいろな動きで表現することができる。
	⑥	〈空間-軌跡・隊形（群構成）〉空間を大きく使うことができる。空間の使い方（軌跡・隊形），群の使い方（個と群，2群など）を工夫することができる。
	⑦	〈時間〉リズムや速さに変化（速く-ゆっくり，ストップ，スローモーション）をつけることができる。
	⑧	〈力〉強弱やアクセントをつけることができる。
動きの連続	⑨	動きの種類や形，速さ，強弱に変化をもたせて動きを（ひと流れに）つなげ，繰り返すことができる。
	⑩	動きをスムーズにつなげて踊ることができる。 気持ちも途切れずに踊り続けることができる。

　ある教師はイメージがわかった・わからなかった（①），ある教師は動きが大きい・小さい（④）というアドバイスが多いというように，広い観点で動きのよい点や改善点をとらえて指導や評価をすることが難しい傾向があるようです（細川，2006）。

　動きを見る目を養うには指導経験を積むだけではなく，子どもの動きをできるだけ多く見て評価し，自分がどの観点から動きを見ているか分析してみたり，他者と同じ動きを見て評価し合ったりするとよいでしょう。

(4) 「わかる」よりも「感じる」ことを大切に

　最後に，子どもたちの「身体」が生き生きと踊る授業づくりを目指すために，気をつけておきたいことをさらに二つあげておきたいと思います。

　① 見せ合いの際にも即興表現を大切に

　教師のリードでの即興表現では生き生きと「身体」が踊っていた子どもたちが，

ひと流れの動きに工夫しての見せ合いになると，恥じらいが出たり，動きが小さくなったりして，生き生きとした表現が失われてしまうことがよくあります。
　それは，ひと流れの動きに工夫する際に，まず頭でストーリーや動き，構成を考え，考えたものに身体をはめこもうとしていたり，最初から最後まですべて決めてしまい，見せ合いでは決められた動きを再現するだけになってしまっていたりするからです。
　初心者には，まさに「いま－ここ」で，仲間と感じ合いながら，心と体で即座に反応して踊るときに，「身体」で踊る瞬間（状態）が立ちあらわれます。
　教師は，座って頭で考えず短時間で動きながらサッと工夫するよう促し，見せ合いでも即興部分を残して，その場で生成する新鮮な表現になるよう，指導するとよいでしょう。
　即興表現を繰り返して経験を重ねると，完成された動きを踊る際にも，没入して，なりきって踊り表現することができる力が身に付いてきます。
　また，見せ合いでは，最初は複数グループ同時で踊らせるなど，恥ずかしさを感じさせないように工夫することも大切です。
　② 「わかりやすさ」にとらわれすぎないように
　見せ合いの際に，ときどき，子どもたちが「当てっこクイズ」をしている授業や指導案を見ることがあります。
　子どもたちは，ペアグループの前で，ジャングル探検の表現をしており，見ている子どもたちは，「底なし沼に落っこちた！」「サルがバナナを食べているところ！」と楽しそうです。しかし，表現している子どもの意識は目の前にいる友だちに向けられ，「当たる」ように「体」でまねしているだけ（マイム）のように見えます。また，見ている子どもたちは，友だちの表現しているものが「何」かに興味をもち，「どのように表現しているか」を見ていないのではないでしょうか。
　これは，極端な例ですが，表現では，よく「わかる」「わからない」が問題になり，「わかりやすさ」にとらわれすぎているように思うときがあります。
　踊るとは，言葉で言えないようなことも表現できるところに魅力があるので

はないでしょうか。ジョン・マーチンは，踊り（モダンダンス）を見る者には筋感覚的共感が起こると言いましたが，これは，観客は踊り手の動きを見ると自身の身体経験の感覚が共感的に呼び起こされ，外面上は席に腰を下ろしていても，踊り手の動きを倣って全筋肉を使って共に踊り，踊り手の感情を自らの内に呼び覚ますというものです（内的模倣）（マーチン，1980）。

　動きを見ていると自分の体も踊っているような気がしてきませんか。同じように楽しい気分になったり，痛みを感じたりしませんか。言葉では表現できないけれどもなんとなく実感として「わかる」，そういう体を通しての言葉にならない共感，これは踊る人の「身体」が踊っていればこそ味わえる，踊りを見る醍醐味だともいえるでしょう。

（細川江利子）

〈引用・参考文献〉
細川江利子・佐藤みどり・宮本乙女（2005）「創作ダンス授業における学習者の技能評価──技能評価規準作成の試み」『舞踊教育学研究』No.7，日本教育大学協会全国保健体育・保健研究部門舞踊研究会，pp.3-17
細川江利子（2006）「動きをとらえる目」『女子体育』第48巻第10号，㈳日本女子体育連盟，pp.10-13
ジョン・マーチン著／小倉重夫訳（1980）『舞踊入門』大修館書店
松田岩男総監修，松本千代栄監修・編集（1992）『ダンスの教育学 第7巻 豊かな「表現運動」の展開』徳間書店
村田芳子（1998）『教育技術MOOK 最新楽しい表現運動・ダンス』小学館
文部科学省（2008）『小学校学習指導要領解説 体育編』東洋館出版社
文部科学省（2013）『学校体育実技指導資料 第9集 表現運動系及びダンス指導の手引』東洋館出版社

6　ダンスにおけるコミュニケーション

　現代では子どもを取り巻く環境が急激に変化し，身体的な遊びやコミュニケーションの不足が叫ばれるようになりました。では，教科体育に位置付くダンスが子どもたちに資するコミュニケーション能力とは何でしょうか。コミュニケーションとは一般に，さまざまな記号や信号を用いた情報の伝達と交換の過程とされ，メラービアン（1968）は，特に対人場面においては言語内容よりも身体によるノンバーバルなコミュニケーションの果たす役割が大きいと報告しています（駒崎，2003）。といっても，子どもたちがダンスを学ぶ理由は，身体表現を豊かにすることで，円滑にメッセージを伝え合うためだけではないでしょう。むしろ，からだを介した直感的で交感的なやりとりというダンスコミュニケーションの体験そのものが，子どもたちの人間発達において重要だからではないでしょうか。

　本節では，踊るという行為に着目しながら，まず，ダンスコミュニケーションの起源やその意味についてふれます。次に，子どもたちが表現運動・ダンスの授業で遭遇するコミュニケーション場面を想定し，その実践例を中心に報告します。なお，本文は『スポーツ科学辞典』（2006）に則り，「ダンス」と「舞踊」は同義として用います。広義には社会における多種多様な舞踊文化の総称であり，狭義には体操・スポーツとともに体育の内容の一領域として定義され，小学校で「表現リズム遊び」「表現運動」，中学・高校で「ダンス」の領域名で呼ばれています（本節で「ダンスの授業」と表記する場合は，これらを総称しています）。

（1）　踊る行為におけるコミュニケーション

　舞踊は人類最古の文化といわれ，ダンスの語源には〈生命の欲求：desire of life〉という意味があるように，人々はさまざまな思いや欲求を身体で語りかけ，

生きる証しとして踊り，踊ることによって他者と共感・交流してきました（村田，2006）。つまり，我々は言葉のない時代から身振り手振りで仲間と意思疎通を図り，踊りに身を投じることで神秘的なものや不安と対峙してきました。もしくは，踊りの輪が広がれば競い合って踊り上手が脚光を浴び，流行の踊りが生まれて人々の余暇を潤します。このような人々の踊る姿は現代にも通じる普遍的なものであり，踊るという行為は人々の生活と密接にかかわりながら〈踊り・創り・観る〉というダンスのすべての場面が一体となって存在しています。したがって，踊る行為には「コミュニケーション」「イクスプレッシブ」「クリエイティブ」の意味があり（村田，1991），その内的体験の本質はコミュニケーションといわれるように「自分と，自分を取り巻く外界や共に踊る仲間と，体の動きを介して，出会い交流する」というダンスによるコミュニケーション体験を通して，私たちは，自分を，また自分を取り巻く世界を認め理解し拡大させていくことができるのです（松本，2003）。

　このように人が踊るという行為の起源やその意味を鑑みると，ダンスの授業において，この〈踊り・創り・観る〉というトータルな文化的営みを子どもたちに提供することは非常に重要です。なぜならば，松本（2003）が指摘するように，「人間が成熟する能力は言語によらない感性的コミュニケーションによって引き出され，子どもが『ダンスする』能力を導き開花させることで人間存在の根本に届く成長が期待される」からです。ここでいうコミュニケーションとは，相手を頭で理解するのではなく，身をもって相手を知るという原初的コミュニケーションの形態をもちます。このような身心状態において常に自分が刷新されていくとき，子どもたちは生き生きとしたからだで世界を味わっているといえるでしょう。

　また，学校のダンスは子どもたちの「生涯スポーツ（ダンス）」の土台となります。踊り継がれてきた舞踊文化を継承し，かつ，自分がいま持てる力を精いっぱい投じて互いのからだで語り合うという自発的で創造的なダンスのコミュニケーション体験を通じて，子どもたちは新たな舞踊文化の担い手として存在することができるのではないでしょうか。加えて，〈踊り・創り・観る〉という

体験を重視することは，同時に習得・活用・探求という創発的な学びのプロセスを保障することにもつながります。こうした意味で，例えば運動会のダンスをダンスの授業の単元として扱うのがなぜ問題なのかといえば，運動会のダンスは定型の習得である場合や全員で合わせる練習が多いことから，踊るという行為の特質にふれる学習に導くのが難しいからです。

(2) ダンスの授業における踊る者同士のコミュニケーション

現行の学習指導要領に定められた表現運動・ダンスの学習内容は，戦後の教育改革により導入された自らがダンスを創り踊る「表現遊び・表現（小学校）・創作ダンス（中学・高校）」（以後「表現系ダンス」と表記）と，みんなで仲よく踊って楽しむ「フォークダンス」，また平成10年に新たに加えられた「リズム遊び・リズムダンス（小学校）・現代的なリズムのダンス（中学・高校）」（以後「リズム系ダンス」と表記）の主に三つの内容で構成されています。日本の舞踊教育は松本千代栄を中心とする創作ダンス指導法によって独自に発展したといわれますが（片岡, 1991），子どもがグループの中で仲間とかかわり合いながら，表したいイメージの感じをとらえた動き（表現）・リズムの特徴をとらえた動き（リズムダンス）・伝承された動き（フォークダンス）といったように，三つの内容のそれぞれの種目の特性に応じた動きを介して，即座にかかわり合って踊ることを重視する授業づくりが特徴だといえます。

なかでも表現系ダンスとリズム系ダンスは型のないオープンスキルタイプの技能が特徴であり，「子どもたちがいま持っている力を引き出しながらあっという間に踊る」という学習を展開するためには，教師の働きかけとともに，子ども同士がかかわり合って学習を広げていく場面をどのように取り上げるかについて考えていく必要があるでしょう。熟練の指導者たちは，踊る者同士のコミュニケーションの質が学習やダンスの内容に大きく影響し，子どもたちの動きやイメージが生き生きとしてくるのを経験的に知っているのです。

そこで，表現運動で中心的に扱われる「表現」の授業を例に，その技能である「即興的な表現」と「簡単なひとまとまりの表現」のそれぞれの場面におけ

る踊る者同士のコミュニケーション（学習者相互のかかわり）の様相について述べていきます。

① 「即興的な表現」におけるコミュニケーション

「即興的な表現」とは，いろいろな題材やテーマの特徴やその感じをとらえて即興的に踊られるもので，動きの誇張や対極の動きを含んだ「メリハリのあるひと流れの動き」を表現の核としています（村田・高橋，2009）。即興表現は直感的にとらえたイメージをその場で思いつくままに表現する行為であり，他者とのコミュニケーションの中で起こる偶然の閃きや計算しない反応が生きのよい表現を生むものです（村田，2006）。これはパートナーと一緒に踊ろうとすると他者の存在やアクションが原因となって動くことが必要とされるため，子どもの観察力と運動感覚の目覚めを促し，その活動自体が子どもにとってもはるかに楽しいことであることから，その潜在性を引き出すからです（プレストン，1976）。

そこで，即興表現を引き出すために踊る者同士のコミュニケーションを重視した授業の工夫として，主に題材（何を教えるか）と活動の仕方（どのように教えるか）へのアプローチをそれぞれ紹介したいと思います。

まず，ダンス授業の典型教材の中でも，他者とのかけ合いがあってこそ成り立つ表現の題材には次のようなものがあります。例えば「群像」というのは，あるイメージをからだで瞬時にとらえて数人で群のポーズを創るものであり，「まるごとのからだで他者とコミュニケーションするための典型教材」といわれています（高橋，2007）。また，「ミラーの世界」「忍びや戦い」「タッチアンドエスケープ」などといった2人組を中心に他者とかかわりながら行う即興表現では，1人で踊るときには予想しなかった動きを発見したり，他者が仕掛けてくる偶然のアクションに反応したりするおもしろさがあります（村田，2011）。このような即興的な表現では，他者と向かい合って踊ることを踊る行為の原点としてとらえ，他者と対応して踊ることがダンスのおもしろさにつながると考えられています（伊藤・村田，2013）。

次に，活動の仕方の工夫としては多様なものがありますが，特に2人組の関係性という点に注目すると，大きく「リーダーに続け」と「コミュニケーショ

ン形態」という二つの典型的なスタイルがあげられます。いずれも相手の動きをそっくりそのまま模倣することを入り口とする活動の仕方で，初心者にも取り組みやすいため，単元の最初や動き始めといった導入で用いられています。「リーダーに続け」とは，グループの中で一人が一度はリーダーとなって自分の動きやイメージを提案するスタイルで，後ろに列になって続く仲間が無条件にリーダーのまねをし，その提案を認めていくという流れを繰り返すものです（宮本，2011）。もう一つの「コミュニケーション形態」とは，例えば向かい合う二人が両手をつないだ状態でリーダーのまねをするというスタイルで，教師のリードからミニティーチャー（リーダー）のリードへとスムーズに移行し，リーダーを交代し合って再構成したり，かけ合って表現したりする一連の活動の工夫です（伊藤・村田，2013）。これらの活動の仕方は，教師の一斉指導から離れて子ども同士による活動へと橋渡しする重要な局面を担っており，特に表現系ダンス，リズム系ダンスのようなオープンスキルの技能構造に即した独自のスタイルが築かれているといえるでしょう。

② 「簡単なひとまとまりの表現」におけるコミュニケーション

「簡単なひとまとまりの表現」とは，核となるひと流れの動きに「はじめ-なか-おわり」の構成が加わって発展したもので，いわゆる「作品」という用語で呼ばれ，主に中・高学年で扱われます（村田・高橋，2009）。学習過程では「探求」にあたり，創造的集団思考という，自分たちが表したい感じにふさわしい表現へと工夫していくという課題解決であることから，「即興的な表現」に比べると言語活動や役割分担的なコミュニケーションの比重が高くなるといえます。しかし，「体を動かさずに口頭で話し合うだけという行動は少ないことが明らかとなっており，体を動かしながら相談し合って工夫するという学習従事が中心」（松本，2008）になります。また，こうした授業を具体化する方法は，舞踊作品の構造分析から創作学習の内容や手がかりを抽出して構成した「創作学習モデル」として提案されています（中村，2011）。

このような簡単なひとまとまりを創作するというコミュニケーションの体験は，からだの経験を通した深い共感を呼び，自分たちの手で唯一無二の表現を

創り出したという深い喜びや達成感とともに，互いの表現に心身を揺り動かされる感動があるのです（松本，2004）。

(3) まとめにかえて

ダンスの授業において，子どもたちは教師と，仲間と，そして新たな自分にも出あって踊っています。特に，踊る者（子ども）同士のかかわり合いは，人間が踊るという行為におけるコミュニケーションの意味を考えれば，共に踊る仲間とへそとへそとを向かい合わせてみることで，身をもって相手を理解して即座に働きかけるという，言葉になる以前のやりとりが生じています。この交感の連続がそのまま表現するというプロセスであり，これがダンスコミュニケーションの特徴であるといえるでしょう。このようなかかわりの中で，一人として同じからだをもつ者はいないこと，そしてたくさんのからだを前にして他者との違いは恥ずかしさではなくその人らしさなのだと，子どもたちが気づくのを待ってみたいものです。

このように，ダンスの授業における子ども同士のかかわりは，子どもの奥に眠る踊り心を引き出し，その生き生きとした躍動感が子どもの動きに現われ，笑顔と共に伝染し合っていくものです。「表現運動の指導においては，教員がその意義を理解できても指導できない状況に陥る」（寺山，2007）と指摘されていますが，踊る者同士の豊かなかかわり合いを授業にどのように取り入れていくかを考えることは，ダンスの授業を具体的に変えていくキーとなるのではないでしょうか。

（伊藤茉野）

〈引用・参考文献〉

伊藤茉野・村田芳子（2013）「『他者との関わり』を創出するダンス授業に関する研究——2つの授業を事例に」『（社）日本女子体育連盟学術研究』29

片岡康子（1991）「舞踊教育の思潮と動向」舞踊教育研究会編『舞踊学講義』大修館書店，p.112-121

駒崎久明（2003）「対人コミュニケーションの過程と機能」境忠宏編『共生のコミュニケーション学』研成社，p26

松本富子（2003）「ダンスのコミュニケーションからは何が生まれるか」『女子体育』45（2），

p.28-29
松本富子（2004）「ダンス・表現運動における『関わり』の体験」『女子体育』46（10），p.32-33
松本富子（2008）「グループ創作場面における学習者相互の『関わり』に関する事例研究——学習行動ならびに個人の内的特性に着目した量的質的検討」『舞踊教育学研究』10，p.3-13
宮本乙女（2011）「対極の動きの連続を手がかりに　走る—止まる」全国ダンス・表現運動授業研究会編『明日からトライ！　ダンスの授業』大修館書店，p17
村田芳子（1991）「我々の時代にとって舞踊とは何か」舞踊教育研究会編『舞踊学講義』大修館書店，p.112-121
村田芳子（2006）「舞踊（ダンス）」『スポーツ科学事典』平凡社
村田芳子（2011）「表現の世界にスイッチ・オン！」『教育技術 MOOK よくわかるDVDシリーズ　新学習指導要領対応　表現運動・表現の最新指導法』小学館，p12
村田芳子・高橋和子（2009）「『表現・創作ダンス』の内容と指導のポイント」『女子体育』51（7・8），p.10-11
中村恭子（2011）「ダンス学習の内容と方法」全国ダンス・表現運動授業研究会編『明日からトライ！　ダンスの授業』大修館書店，p.140-143
プレストン著／松本千代栄訳（1976）『モダンダンスのシステム』大修館書店，p.46-55
高橋和子（2007）「即興表現『群像』における自己概念の変容に関する研究」『(社)日本女子体育連盟学術研究』24，p.27-40
寺山由美（2007）「『表現運動』を指導する際の困難さについて——千葉県小学校教員の調査から」『千葉大学教育学部研究紀要』55，p.179-185

7 新しい教材と向き合うために

(1) 教材開発とは…？

　ここでは教材「開発」について述べることになっていますが，実際新しい教材を「開発」するのはとても難しいことです。どういうことを開発というのか，それ自体についても議論の分かれるところだと思います。もちろん目の前にいる子どもたちにとってよりよい新しいことを考えていくことは，常に必要なことです。そこで，ここではそのために押さえておくべきことを洗い出すことで，先生方自らが新しい教材に向き合っていただければと思います。

　① 表現運動と「感じ」や「気づき」

　表現運動は「感じ」や「気づき」を体の動きで表すことです。そこにはまず自分の感動や発見，つまり心の動きが必要です。そのためには，体育の時間だけでなく，ふだんの生活の中で感じる心を育てておきたいものです。

　感じたこと，伝えたいことを表現する方法は種々様々あります。絵に描いたり，歌を歌ったり，文に綴ったり……。表現運動もその中の一つですが，考えてみると，どのような表現も自分の体を通さずには語れないといえるでしょう。

　その意味で，表現運動には，自分の体と頭と心をフル回転させることが求められます。つまり，自分の体を意識し動かすこと，柔らかい頭と心でいろいろなものを柔軟に受け止めることが必要になり，表現運動に取り組むことで，またそれが育っていくといえるのです。ただ，子どもにそのような学びを求めるためには，教師の心の柔軟性，自由にイメージを広げる力も求められるといえるでしょう。新しい教材を開発するうえでも，今，目の前の子どもたちに適した題材を選ぶためにも，教師のトレーニングは欠かせません。ちょっと考えてみましょう。

> 先生の体にリズムがありますか？　リズムを感じますか？
> 自分の体を意識したことがありますか？　自分の呼吸を感じますか？
> 相手に伝えたいと思う小さな感動がありますか？

　まず，自分自身に問い直してみてください。そして，実際に動いてみてください。きっと何か感じるはずです。変わってくることがあるはずです。

　② 流れを大切にする表現運動の学習

　どの授業でも1時間の流れが大切です。一般的には「導入-展開-まとめ」ですが，どの先生も自分のリズムで授業の流れをつくっていると思います。

　表現運動の学習では，それに加えて運動（動き）自体の流れもとても大切です。1時間の中に，表現の流れを自然に組み込み，子どもたちが感じる時間も大切にして授業を組み立てましょう。基本的には1時間の中で「踊る-創る-観る」の学習体験を入れ込みます。大まかに表すと次のようになります。

> ①心と体をほぐすウォーミングアップ（踊る）
> ②「今日のテーマ」　教師と一緒に動いて練習（踊る・創る）
> ③自分たちで創る　グループでテーマに沿って（創る）
> ④見せ合い（観る）

　もちろん，発達や経験，また題材によって，教師と一緒に動く時間が長くなったり，自分たちで創る時間を長くとったりと変化をつけることが必要ですし，単元の時数や発達によっても授業の構成を変えていく必要があります。でも，「踊る-創る-観る」つまり，体をしっかり動かすところから学習を始めることが大前提です。次に，発達による学習方法を押さえておきましょう。

●低学年は先生と子どものキャッチボールで

　先生の声かけに子どもが動きで返すキャッチボール。先生の声かけに従って，どんなものにでもすぐに変身し，なりきって動いて楽しむことを大切に進める段階です。動物や季節のもの，子どもたちが好きなものも題材として有効です。

●中学年はサンドイッチ方式で
　中学年になると自分たちで少しまとまりも創れるようになります。そこで，場の設定をどんどん変えて続けましょう。教師と一緒に動きの練習をし（パン），自分たちでも見つける（ハム），また違う動きを教師の練習（パン），自分たちで見つける（卵）……と，サンドイッチのように学習を積み重ねていきます。「○○探検」が例としてあげられるのは，場面や話を変えて続けやすいからです。
●高学年ではテーマを踏み切り板として
　高学年では，前述した1時間の流れに沿って，「今日のテーマ」から自分たちでイメージを広げ，表したい内容を選んで表現する学習へ。教師と練習する「テーマ」を踏み切り板として，自分なりの表現に向かえるよう気持ちよいひと流れを意識して，グループで話の流れや動きの工夫をする時間を少しずつ長くしていきましょう。

③　動きと「感じ」，動きと「気づき」のつながり
　では，動きで「感じ」や「気づき」を表現するということはどういうことでしょうか？【歩く】ことで考えてみましょう。
　私たちは無意識に歩いています。歩きながら「次は右足のかかとをついて，膝を少し曲げて……」などと考える人は少ないのではないでしょうか。
　一方，歩いている人を見ている人がいます。見ていて「今日は元気がなさそうだな」と感じることがあるかもしれません。相手の動きを見ることで感じることができるのです。
　なぜ，そう感じたのでしょうか？　いつもより，うつむきかげんだったからかもしれません。背中も少し丸まっていたようです。手の振りも小さめで，やや膝が曲がり，歩幅も狭かったかもしれません。
　このように無意識の動きからだけでも，私たちの体はじつにいろいろなことを伝え，感じ，気づくことができるのがおわかりになると思います。
　では，そのことをどのように教材として考えていったらよいのでしょうか。無意識的に表していたことを，意識的に表すことができるでしょうか？「元気がない様子を伝えたい」と思ったら，うつむいて背中を丸めて歩きませんか？　体

はどうしたらそういう「感じ」が伝えられるか知っているのです。

　表現運動の学習では，最終的には各自が自由に自分のメッセージを動きで伝え，そのメッセージを自由に受け止める心も同時に育んでいきます。でも，子どもたちは，まず動きたくて仕方がないのです。そこで，子どもたちが楽しく思いきり動ける場を設定しながら，教師がどう支えて，子どもたちの「感じ」と動きをつなげ，その「感じ」に合った動きを引き出すかが教材のポイントになるのです。

　表現運動では，感じやイメージと動きをつなげるといっても正解がないだけに教える側としては難しさを感じると思います。例えば，陸上の短距離走。「速く走る」というイメージはもちやすいですね。サッカーやバスケットボールなどでも一流の選手の動きを見る機会は多いでしょうし，教師にとっても見本が見つけやすくどこを目指せばいいかという目標がつくりやすいといえるでしょう。

　一方，ダンスや踊りはそれだけでもとても幅が広く，みんなで踊って楽しむ盆踊りやよさこい，フォークダンスもあれば，自分たちだけで踊って楽しむものもあり，はてはプロのダンサーの踊りまで入れれば，どこを目標とするのかが見えにくいというのが本音だと思います。特に表現運動の学習の場では，見本に近づくのではなく，子どもが，自分の表現を「見つける」「創り出す」ところ，先生がそれを引き出すところが重要で，教材開発の視点となるところです。

　④　学習としての考え方
　　　　──イメージと動きをつなげるための教師のブレインストーミング

　A．動きからイメージへ

　「跳ぶ」といわれたら，その場で跳ぶことはできますね。でも，「跳ぶ」方法はほかにもあります。そう，まず「上に跳ぶ」。「横にも跳べる」「回転して跳ぶ」などが出てきますね。

　形に注目すると，「まっすぐ跳ぶ」「ポーズで跳ぶ」。このように一つの言葉で表される動きでもバリエーションがさまざまに広がります。

　さて，ここからがおもしろいところです。

　「上に跳ぶのはどんな時？　どんなもの？」「横に跳ぶのとどう違う？」と感じ

たり，考えたり，見立てたりできるのが人間です。

　例えばごく単純に，スポーツの場面を思い浮かべてみます。
「上に跳ぶ」のは，バスケットボールだったり，バレーボールだったり。
「横に跳ぶ」と幅跳びにも，サッカーのゴールキーパーみたいな跳び方も。
「回転して跳ぶ」のは難しいけど，気分はフィギュアスケートの選手。

　スポーツと限定しただけでも，もっといろいろな場面が思い浮かんだことでしょう。「跳ぶ」という一つの動きから，人間だけではなく，動物や鳥，さらに乗り物や宇宙空間にまでイメージが広がっていきます。ふだんどのようなことを感じ，気づいているかが見えてきます。

　単純な動き一つでもこれだけ楽しいのに，さらに動きをつなげることもできるのです。例えば「走る−跳ぶ−転がる」，単純な動きの連続です。さて，どんなイメージが浮かんできたでしょうか？　このように，まず動いてみて，動きを体で感じて，浮かんできたイメージをつかまえるのは表現への簡単なステップの一つです。

　ただ，いいかげんに動いていては何も浮かんできません。「思いきり」「精いっぱい」を引き出し，子どもの体に感じさせることが教師の指導のポイントです。「精いっぱい」を感じた体からは，イメージが浮かんでくるはずです。また，教師が子どもから何を引き出したいかで，同じ動きでも教材としての位置付けが大きく変わってくるということを忘れずにいたいものです。

　子どもから自由な動きを引き出すための動きのバリエーションを少しだけあげてみます。先生自身が浮かぶイメージを書いてみてください。

例　〈走る〉	―	〈跳ぶ〉	―	浮かぶイメージ
静かに		勢いよく		
勢いよく		音もなく		

B．イメージから動きへ

　もう一つ，イメージから動きを見つける方法もあります。

このやり方は，年少の人たちほど上手です。頭より先に反応できる賢い体をもっているのです。自分が「どう見えるか」はさほど問題ではありません。自分がそれに「なる」ことが重要なのです。自分の見たもの，知っていることのイメージを体で表すというのはそういうことです。散歩に行って見つけた花だったり，虫だったり，落っこちていた空き缶にだってすぐになれるのです。

　また，想像の世界で遊ぶことも楽しめます。宇宙に行って冒険したり，海の底や無人島へ探検に行ったり，忍者になって敵と戦うのも楽しめてしまいます。

　そのときに，そのイメージに合った動きを引き出してやるのが教師の役目です。最後は自分で見つけて動けるようにしてやりたいですが，どうすればいいかわからないとき，教師のもっている「引き出し」の多さがポイントとなります。言い換えれば教師の頭の柔軟性，ここがおもしろいところです。

　では，トレーニングとして一つやってみましょう。題材は「夏」。どの発達段階でも子どもがイメージを見つけやすく，いろいろな動きにつながる可能性をもっている題材です。ここでは発達にかかわらず「夏」から広がるイメージを見つけ，そのイメージで「自分ならこう動く」と考えてみてください。

　例　「夏」

夏から広がるイメージ　→	こんな動き
・台風 ・雷 ・海 ・かき氷 ・ ・	先生が体で考える（動いて）

　なかにはイメージとしては浮かぶものの「動きにくい」というものもあったのではないでしょうか？　では，どうやったら動きにできるか，どんな動きやストーリーとつなげられるか……ここが教師の「引き出し」で，新しい教材の開発にもつながるところです。さらに，子どもたちにどんな言葉かけをしたら，

その動きが引き出せるでしょう？　実際の授業の場面で一番ポイントとなるところです。いつも併せて考えてください。

C. 気持ちのよいひと流れのために

イメージをもって動くときに，どのくらいの長さが気持ちよく感じられましたか？　一息で動けるような長さがあったのではないでしょうか？　あまり長くなく，気持ちよく動けるひと流れを意識してみましょう。もしかしたら，その中にストーリーがあったかもしれませんね。「はじめ-なか-おわり」です。

ただ，表したい「感じ」があっても経験がなくては，動きにすることが難しいことがあります。自由に動くことはじつは難しいのです。それは，正解がないということに通じるのかもしれません。そこで，子どもたちが安心して動けるようにするには，教師と一緒に動いてみることがとても大切だといえます。その意味で，教材開発には教師自身のトレーニングが欠かせません。

では，それぞれの発達に適した題材をもう少し詳しく考えてみましょう。

(2) 低学年

① 低学年の子どもに何を？

低学年の段階では「子どもの生活体験を生かす」ことが最重要です。また，絵本やお話の世界に自由に遊べるのもこの時期。つまり，ふだんの遊びやゲームもぜんぶひっくるめて一体化して，いろいろなものになりきり，いろいろな動きができるのがこの段階の特徴です。

ここで先生と子どもの動きのキャッチボールをたくさんしておくことが，次の段階へのステップになります。先生の声かけに安心して動きで答えること，友だちのまねをするのもおもしろいと思えること，友だちの動きを見てがんばっているところを見つけてあげられること。楽しいことは何回でもやりたがるこの時期，繰り返すことで子どもの体に動きの感覚を育てることが必要です。

② 題材をどう選ぶ？

「動物になりましょう」と先生が声をかけると，楽しそうに好きな動きを続けているのが低学年。でも，ちょっと待って！　動物の動きにも特徴があること

を知らせてやるのが先生にとって，大事なことです。では，どんな動物の動きがいいでしょう。

　浮かびやすいのは「ゾウ」。次は？「クマ」続けて「カバ」はどうでしょう？動物の名前は変わりますが，「動きの質」が変わらないのがわかりますか？　みんな四足でゆっくり歩く動きが主になりそうです。

　頭の中のイメージは変わっても，動き自体にはっきりした違いがないと，子どもたちの体の「感じ」は変わってきません。学習指導要領の例示には以下のようにあります。「いろいろな題材の特徴や様子を『○○が○○しているところ』のような具体的な動きでとらえ，跳ぶ，回る，ねじる，這う，素早く走るなど，全身の動きに高・低の差や速さの変化をつけて即興的に踊ること」。たくさんの要素が盛り込まれているのがおわかりでしょう。では，具体的にどんな動物からどんな動きにつなげられるか，ご自身で考えてメモしてみてください。同じ動物でも場面や状況を変えると，動きの種類も広げることができます。できるだけ「動き」が変わるように考えてみてください。

<動物>

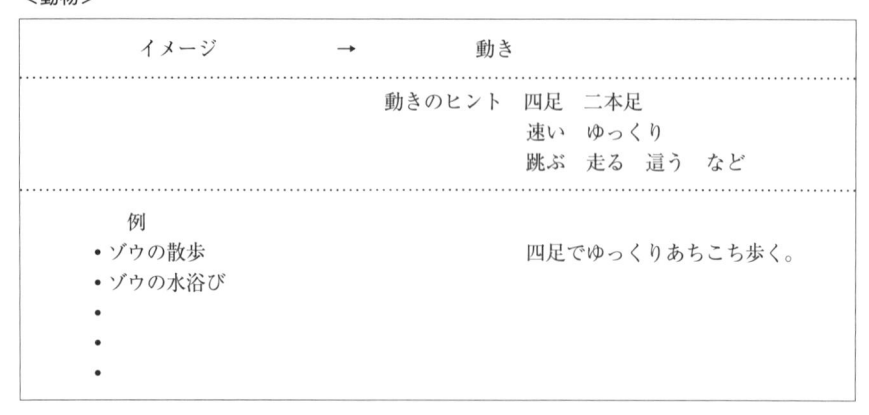

イメージ　　→　　動き	
	動きのヒント　四足　二本足 　　　　　　　速い　ゆっくり 　　　　　　　跳ぶ　走る　這う　など
例 ・ゾウの散歩 ・ゾウの水浴び ・ ・ ・	四足でゆっくりあちこち歩く。

　③　動きを引き出すために

　イメージと動きを子どもたちから「引き出す」ためには，子どもたちの動きを先生がしっかり見とることが大切です。それは他の種目と全く同じですが，先生自身に表現運動の体験が少ないと難しいことがあります。つまり，何を見

ればいいのか，先生がわからないことがあるのです。子どもたちの足りない部分を補う，または引き出す声かけが必要なとき，とっさの判断で声をかけるには経験がいるのです。そこで，ふだんから先生自身のイメージも広げることを心がけましょう。実際の学習には写真やイラスト，音楽なども有効です。

　子どもたちは，先生のことをよく見ています。先生がどんな動きをほめるのかにとても敏感です。それだけに，先生が子どものどんな動きを認めるかが重要になります。思いきり体を使っている子，なりきってひたって動いている子はもちろんですが，動きとしては「非日常」にも目を向けてください。つまり，ふつうの暮らしではやらない動き，たとえば不安定だったり，バランスがくずれていたり，どこかに痛みを感じるくらい極限まで体を使う動き。ほめてやることで，子どもたちは，さらに難しい動きを工夫し，挑戦していくようになるでしょう。体の「感じ」の耕しとしても有効です。

(3) 中学年

① この段階の子どもに何を？

　学習指導要領の例示から見てみましょう。「題材の主な特徴をとらえて，表したい感じを大きく・小さく，速く・遅くなど，動きに差をつけて誇張したり，2人で対応する動きを繰り返したりして，ひと流れの動きにして即興的に踊ること」。中学年では，特徴をとらえることが大切にされています。体育だけでなく，他の教科や生活場面で詳しく見たり，観察したりした発見を表現運動にも生かすことを考えましょう。「すべての教科がつながりをもっている」と先生がとらえていると，表現運動にも広がりが見られてきます。そのためには先生もイメージと動きとをつなげるアンテナを張っている必要があります。

② 題材をどう選ぶ？

　観察し，特徴を表そうとしても，体で表せることにはもちろん限界があります。こだわりすぎると逆に動けなくなってしまうこともあります。そこで，体で「感じ」て特徴をつかまえ，その「感じ」を表すことが重要になります。

　一方で，想像の世界に思いきり遊ぶこと，つまりイメージを次々に変えて，

動きを見つけながら，ストーリーとして動きをつなげていくことも子どもたちが楽しめる題材です。

　子どもたちと一緒にイメージバスケット（イメージをカードにしてためておき，動きのヒントにする）をつくるつもりで，書いてみましょう。

<○○探検>

```
        探検1         →      探検2        →      探検3
        <        >          <        >          <        >
    起こった事件

      ・

      ・
```

　ずっと同じ事件では，飽きてきますね。はじめとおわりが違う，または「はじめ-なか-おわり」の意識ももてるような，どんな事件が思いついたでしょうか？

（4）高学年

① この段階の子どもに何を？

　学習を積み重ねることで，高学年では，自分たちで題材を選んで，仲間と一緒にひとまとまりの動きをつくれるようになります。ただ，体力や技能的にはできるようになるのですが，「恥ずかしさ」が先に立ってなかなか動かなくなるのもこの時期です。特にそれまであまり表現運動にふれてきていない子どもたちでは，その壁を崩すのが難しいことがあります。そういう時は，まず考えずに動いてしまうことを大事にするところから始めましょう。思いきり動くことで体の感覚を呼び覚まし，イメージとつなげてみるというやり方です。

　高学年だからとひとくくりにするのではなく，目の前の子どもたちに必要なことを見極め，「指導に際しては，表現の題材を児童一人ひとりの関心や能力の違いに応じて選ぶとともに，クラス共通の題材だけでなく，個人やグループに

よって広い範囲から選ぶようにする」ことが大事です。題材を与えるのではなく，題材に含まれる動きや構成を見通して，子どもたち一人ひとりの表現をつくり，深めることが大切といえるでしょう。

② 題材をどう選ぶ？

学習指導要領の例示には「題材の変化や起伏の特徴をとらえて，素早く走る，急に止まる，回る，ねじる，跳ぶ，転がるなどの動きを組み合わせたり繰り返したりして激しい感じや急変する感じをひと流れの動きで即興的に踊ること」とあります。では，ここにあげられている動きを組み合わせてみましょう。

例えば「素早く走る−跳ぶ−転がる」は，動きの流れとして無理がなく，子どもたちにもわかりやすく伝えられます。まずは，繰り返して動いてみましょう。

「素早く走る−跳ぶ−転がる，もう一度素早く走る−跳ぶ−転がる」

動くことで，体に感じることがあるはずです。ただ，何回も言うようですが，だらだら動いていては体のスイッチも頭のスイッチも入りません。極限まで思いきり動くこと，先生が動かしてやることが必要条件です。

今の動きから自分は何を感じたのか，どんなイメージが浮かぶのか？ 自分の体に問いかけ，書いてみましょう。

動き	動きから感じるイメージ
・素早く走る−跳ぶ−転がる　→	

見つけたイメージをもって，もう一度動いてみましょう。動きが変わりましたか？ 動きのつながりも変わりそうですか？

もう一つのポイントは，「群（集団）」での動きです。同じ動きでも一人で動くのと，何人かで動くのではまたイメージが変わってくるのがわかると思います。それだけ表現できるイメージに広がりが出てくるということです。じつは，これには「作品の構成」の要素も絡んできます。「集まる（固まる）・離れる，合わせて動く・自由に動くなど，表したいイメージにふさわしい簡単な群の動

き」により，動きの組み合わせが格段に増え，表現の可能性が広がるのです。

　また，高学年において仲間と一緒に踊るという体験は，言葉を超えた体を通してのつながりをつくるのにも有効です。気持ちを込めてみんなで踊るという体験は，他の学習や学級経営にもよい影響を与えるはずです。

　③　動きを引き出すために

　高学年でも他教科の学習を表現運動に積極的に取り入れることを考えましょう。学習を生かし，「表したい感じやイメージを強調するように，変化をつけたひと流れの動きで」表せる題材を選ぶとよいでしょう。学習で使った資料や写真，ビデオなどの活用。子どもたちが見つけたイメージを共有するカードや掲示，伴奏の音楽や楽器など動きのヒントになるものを準備することも時には有効です。ただ，物が多すぎると，頭が先行して体が動かなくなってしまうこともあるので，バランスを考えるのも準備のポイントといえるでしょう。

（5）　まとめにかえて

　同じ題材を同じ指導案で行っても，指導者によってその雰囲気や流れは大きく違います。それはどの教科でも同じですが，表現運動は特に先生のキャラクターが表れやすいと思います。つまり，先生自身も自分を解放して表現することが求められるということかもしれません。子どもと出あい，その反応に感動する，それは，自分自身を見つめることにもつながっているのです。一人ひとり違う子どもの表現を認めるのと同じように，先生一人ひとりの個性あふれる授業に魅力があります。

　表現運動に正解はありません。自分を生かし，自分が輝き，自分が楽しめる表現運動の授業を目指し，先生が自分を見つめ，一番得意なことから始めてみてください。子どもと一緒に先生の笑顔があふれれば，大きな一歩といえるでしょう。

　とはいえ，自分に経験のないことを教える，特に体を動かして表すことをいくら口でだけ言っても伝わるものではありません。ときには，やはり自ら動いて見せる，例えば若い男の先生がボーンとダイナミックなジャンプを一度披露

するだけで子どもの目の輝きが変わります。先生自らがぜひ，自ら動き，自分の体と対話し，感じ，気づくことから始めてください。紙に書かれたものを読むだけでは味わえない感じがきっと味わえるはずです。その上でもう一度書かれたことを読み直し，理解を深めて子どもたちに向き合ってほしいと思います。

(栗原知子)

〈引用・参考文献〉
文部科学省（2008）『小学校学習指導要領解説 体育編』東洋館出版社
全国ダンス・表現運動授業研究会編（2011）『明日からトライ！ ダンスの授業』大修館書店
松本千代栄監修編集（1992）『ダンスの教育学2──「表現運動」の学習』徳間書店
松本千代栄編著（1985）『こどもと教師とでひらく表現の世界』大修館書店
村田芳子編著（1996）『楽しい表現運動ダンス』小学館

8 「表現運動」における指導上の留意点5か条！

その1　表現運動の楽しさや魅力を自分の言葉で伝えられるようになろう！
その2　授業を構想する力をもとう！
その3　自由な，仲間を認め合える雰囲気をつくろう！
その4　よい動きへと導く指導力をもとう！
その5　一人ひとりの良さや個性を認めるまなざしをもとう！

その1　表現運動の楽しさや魅力を自分の言葉で伝えられるようになろう！

　表現運動の授業では，教師が生き生きと楽しそうに踊り授業を進めることが大切です。教師自身に踊る楽しさや喜びを実感した経験が乏しく，指導にも自信がもてないようでは，子どもたちに楽しさや喜びを伝えることはできません。授業実践を通して，あるいは生活の中で表現運動やダンスに積極的にふれ，「表現」「フォークダンス」「リズムダンス」の中からまずは一つでも楽しい・好き・得意と思えるものを見つけましょう。そして，自分の踊る姿を通して，自分の言葉で，表現運動の特性や楽しさを子どもたちに伝えられるようになりましょう。

その2　授業を構想する力をもとう！

　単元や1時間の授業を構想するには，学年に応じた学習内容や学習過程，指導法に関する基本的知識が必要ですが，実際の指導経験を通して，目の前にいる子どもたちの興味・関心や技能の程度に適した内容を選んだり，臨機応変に軌道修正したりすることができる力をもつことが大切です。また，よりよい授業に改善していくためには，自分の授業を振り返り省察する力や，熟練した教師の授業を観察して良いところをつかむ力をもつことも必要でしょう。

その3　自由な，仲間を認め合える雰囲気をつくろう！

　表現運動の授業では，創造的で自発的な活動を促すために，一人ひとりの個性（違い）が認められる自由な雰囲気や，子どもたちの人間関係に配慮することが重要になります。例えば，導入時に体ほぐしの運動を取り入れたり，集合の隊形をくずしたり，教師自身の雰囲気や言動も柔らかくして，自由で解放的な雰囲気をつくりましょう。また，子どもたちにも，互いの違いや良さを認め合う共感的態度が大切であることを繰り返し指導していくことが大切です。

その4　よい動きへと導く指導力をもとう！

　よい動きへと導く実技指導力は，経験の少ない教師がもっとも難しいと感じるところでしょう。例えば，「表現」では，よい動きの原則（全身で大きく動けている〈誇張〉，変化がついている，気持ちが途切れずなりきって踊っている等）に基づきながら，子どもたちが表したいイメージに即した動きへと導く指導が求められます。指導力を身に付けるには，たくさんの動きを見たり，他の教師と同じ動きを見て意見交換をしたりして動きを見る目を養うと同時に，子どもたちの思いをくんで良さを引き出してあげようとする姿勢をもつことが大切です。

その5　一人ひとりの良さや個性を認めるまなざしをもとう！

　すでに何度もふれたように，子どもたち一人ひとりの良さや個性を認め，引き出してあげたいという気持ちをもつことがもっとも重要です。特に，創造型の「表現」や「リズムダンス」では，誰でも踊ることができる，どんな動きでもよい，正解はないという特性に気づいて初めて，子どもたちは自分の踊りを追求する一歩を踏み出せるのです。指導の際には，子どもたちの動きやイメージを肯定的に見つめ，まず良いところを見つけて具体的にほめ，「もっと良くするにはどうしたらよいか」という気持ちで言葉かけをするとよいでしょう。

（細川江利子）

ちょっと一息

表現運動における音楽の工夫

　表現運動において，音楽の存在は大きいです。むしろ，"必需品"といえるでしょう。音楽は，動きを，表現を，雰囲気を担う一助となります。では一体，どんな音楽を用いたらよいのでしょうか。一言で言うと「何でもいいんです」。そう，表現に「間違い」がないように，音楽選択にも「間違い」はありません。ただ，最初に述べたように，音楽のもつ力は大きいです。例えば創作活動を行う場合，テーマが同じでも，使用する音楽によって動きも雰囲気もがらっと変わるでしょう。そのため，授業者は音楽を用いる際に，その日の子どもたちに受け入れられそうな曲か，子どもたちの表現を引き出しやすいかどうかを考える必要があります。

　音楽のジャンルはさまざまです。ポップス，ジャズ，ロック，クラシック，ヒーリング，ワールドミュージック，日本の伝統音楽，映画音楽，童謡，効果音……。膨大な量の音楽の中から，その日授業で使用する一曲を選ぶのは大変です。だから私は，授業者にはあらゆるジャンルの音楽を準備することをお勧めしたいです。ストレッチではリラックスできそうなゆったりした曲，ウォーミングアップでは心拍数が上がる流行のポップス，即興表現を行う段階では，親しみやすいまたは感情移入しやすい曲，などなど。ときには，楽器や手拍子など，生の音を使ってもよいかもしれません。いろいろなジャンルの音に触れることで，子どもたちの想像力がかきたてられ，動きの幅も広がるでしょう。

　表現運動は，動きや音楽，他者とのかかわりを通して新たな自分に気づき，周囲の友だちの個性を発見し，コミュニケーションを深める機会でもあります。表現運動の授業で，さまざまな音楽を紹介することが，授業者と子ども相互のコミュニケーションを行うひとつの手段となり，子どもたちの"音楽観"を広げてあげることができるのではないでしょうか。そのためにも，ちょっとしたときに周囲の音楽に耳を傾けると，「授業で使いたい」と思える曲に出あえるでしょう。

（羽岡佳子）

あ と が き

　先日，私の幼い子どもたちをスーパーに連れて行ったところ，お店にかかっていた音楽に乗って踊りだしました。周囲の方の視線もよそに音楽に乗って体をグニャグニャさせて踊り，キャッキャ，キャッキャと楽しんでいるのです。何か二人で踊るその感じが楽しかったのでしょう。

　この二人の姿に人間の根源的な性質が現れているようでした。我々は夏の盆祭りに行くとそこにある薄暗くて暖かくて，ちょうちんがあり，屋台があるといった雰囲気を敏感に感じ，そこにかかる和太鼓の音や食べ物のにおいといったものに強く働きかけられています。日本語には「肌で感じる」という言葉がありますが，まさに肌で感じ，このお祭りという独特の世界にからだが入り込み，その世界を楽しむのです。

　このように，我々は環境から強く働きかけられている存在であると考えることができるでしょう。

　この表現運動という領域は，この環境から働きかけられている我々の本性に迫るような領域ではないかと考えています。人間は祭りにみられるように，音楽やリズムに乗って，みんなでからだを動かすことが好きなのです。この「みんな」で動かすというところが特に大切ではないでしょうか。子どもも大人もみんなで一緒に踊ったり，動いたりすることで一体感や達成感を味わい，「いま－ここ」のおもしろい世界をさらに楽しんでいくと考えられるのです。これは，一人ではなかなか味わいにくいおもしろさなのだと思います。表現運動の授業にからだが入り込む場面には，友だちや教師といった存在や周囲の環境（音楽，明るさ，床材の感触など）といったものの存在が大きいと考えられるでしょう。

　子どもたち一人ひとりに，みんなで共につくる表現運動のおもしろい世界を堪能する機会を保障していきたいと考えています。それは，表現運動ならではの動きのおもしろさを「感じ」，そのことに「気づき」，さらにそのおもしろい「感じ」を求め探求していくという往還的な学びが大切ではないでしょうか。その

ような授業づくりの参考に，本書が一助となることが編者としてこの上ない喜びです。

　さて，本書は読者の方々に，授業づくりの「つくり」の部分，つまりプロセスがイメージしやすくなるように工夫しました。そのために，できるかぎり，授業を実践する先生方が授業づくりをするときの意識と本書の流れを一致させることを心がけ，それを実現することができたと思います。したがって，読者が授業を実践しながら，本書を参考にしていただくことで，それぞれの授業改善に向けての自分なりの問題解決を導く手がかりを提示することができると確信しています。

　また，本書は，「理論的なことを踏まえて実践をする」という授業づくりではなく，「実践の中にある知を授業づくりに生かす」というスタンスで書かれています。したがって，第1章から第4章までを繰り返し読み返してもらうことで，それらの内容が，点から線となり，線が面となり，理解が深まっていくと思います。繰り返し読み，活用していただけることを期待しています。

　なお，本書では，授業実践者の目線からの作成を心がけているため多くの場面で現職の先生方にご協力いただきました。以下の先生方のご協力によって，よりよい内容となったことをこの場を借りてお礼を申し上げるとともに，深く感謝申し上げます。

〈校正等協力者の先生方（敬称略）〉
　　松下祐樹（小金井市立南小学校）
　　中村佐智代（千葉市立稲丘小学校）
　　神谷　潤（お茶の水女子大学附属小学校）
　　大屋裕幸（熊野町立熊野第一小学校）
　　鈴江真弓（徳島市立八万南小学校）

　最後になりますが，本書の編集にあたっては教育出版の阪口さんに大変お世話になりました。「体つくり運動」編を出版してから，「陸上運動」編，「水泳」

あとがき

編,「器械運動」編,「保健」編と同時進行で編集作業を行ってきたので,時間も出版社への負担も多くかけてしまいました。

　さらに本シリーズは,執筆者も多く,編集にあたっては大変なご苦労をかけたと思います。「『感じ』と『気づき』を大切にした授業づくり」シリーズの6作目ということで前作までの成果と課題を踏まえた良書となったと自負しております。これも,阪口さんが積極的にかかわってくださり,常に読者の目線でアドバイスをしてくださったおかげだと感謝しております。編者一同,心より御礼申し上げます。

(編者:成家篤史)

動きの「感じ」と「気づき」を大切にした
表現運動の授業づくり

2014年8月28日　初版第1刷発行

編　者　細江　文利　鈴木　直樹
　　　　成家　篤史　細川江利子
　　　　山崎　大志

発行者　小林　一光

発行所　教育出版株式会社
　　　　〒101-0051　東京都千代田区神田神保町2-10
　　　　電話 (03)3238-6965　　振替 00190-1-107340

Printed in Japan　　　　　　　　組版　シーガーデン
落丁・乱丁本はお取替えいたします。　印刷　神谷印刷
　　　　　　　　　　　　　　　　　製本　上島製本

ISBN 978-4-316-80238-1　C3037

「感じ」と「気づき」を大切にした 体育授業シリーズ

トレーニング的な学習を脱し，
子どもが自らの身体を「感じ」，動きへの「気づき」を高めていく
新しい体育科の授業づくりの考え方と実践事例を紹介！

動きの「感じ」と「気づき」を大切にした
体つくり運動の授業づくり
細江文利・鈴木直樹・
成家篤史 編

動きの「感じ」と「気づき」を大切にした
水泳の授業づくり
細江文利・鈴木直樹・
成家篤史・小森伸一・
石塚 諭 編

動きの「感じ」と「気づき」を大切にした
器械運動の授業づくり
細江文利・鈴木直樹・
成家篤史・水島宏一・
齋地 満 編

動きの「感じ」と「気づき」を大切にした
表現運動の授業づくり
細江文利・鈴木直樹・
成家篤史・細川江利子・
山崎大志 編

動きの「感じ」と「気づき」を大切にした
陸上運動の授業づくり
細江文利・鈴木直樹・
成家篤史・田中勝行・
寺坂民明・濱田敦志 編

「感じ」と「気づき」を大切にした
保健の授業づくり
鈴木直樹・石塚 諭・
小野かつき・上野佳代 編

姉妹書
だれもがプレイの楽しさを味わうことのできる
ボール運動・球技の授業づくり
鈴木直樹・鈴木 理・土田了輔・廣瀬勝弘・松本大輔 著

教育出版

〒101-0051 東京都千代田区神田神保町2-10
TEL 03-3238-6965　FAX 03-3238-6999
ホームページ　http://www.kyoiku-shuppan.co.jp/